KB073371

I AM DOER!

_____

트렌드 연구원이 알려주는

트렌드 읽는 법

HOW TO READ A TREND

트렌드 연구원이
알려주는

트렌드
읽는
법

이재혼 지음

MAKE
YOUR OWN
TREND
NOTE

☐ "앗, 아직 모르셨군요?" 동료의 질문에 뜨끔한 적 있다.

☐ 애써 찾은 트렌드의 유행이 지나 무안했던 적 있다.

☐ 기획안 마감 전날, 인스타그램 탐색창을 뒤진 적 있다.

☐ 핫하다는 팝업에 매번 방문하지만,

   의미없이 시간을 보내는 것 같다.

☐ 각종 뉴스레터, 마케터 플랫폼, 단톡방 등을

   들락거리지만 곁가지 정보만 얻는 것 같다.

하나라도 해당된다면

당신에게도 '트렌드 읽는 법'이 필요합니다.

추천의 말

이제 '트렌드'는 현대인의 필수 생존 기술이 된 것 같다. 회사에 다니건, 자영업을 하건, 예술을 하건 '트렌드'를 알아야 살아남을 수 있다. 문제는 트렌드라는 카테고리가 생각보다 까다로운 영역이라는 사실이다. 4년 동안 트렌드 미디어에서 일하고 있지만 여전히 트렌드가 어렵다. 인터뷰를 통해 만나는 10대, 20대들조차 "우리도 트렌드를 잘 모르겠다"고 말하기도 한다.

이 책에는 트렌드 연구를 생업으로 하는 연구원의 영업 비밀이 알차게 담겨 있다. 영양가 없는 휘발성 트렌드 말고, 내 일에 도움이 되는 '진짜'를 발견하는 방법을 알려준다.

트렌드를 주제로 한 책 중 가장 명쾌하고 실용적인 책. 나만 알고 싶기도 하고 나만 알면 안 되는 책이기도 하다. 이 책을 읽으면서 그런 생각을 했다. '트렌드도 역시 똑똑하고 성실한 사람이 잘하는구나.'

– 김혜원(트렌드 미디어 <캐릿> 편집장, 작가)

트렌드 자판기. 제가 종종 저자를 소개하거나 묘사할 때 쓰는 말입니다.

'이러이러한 인사이트를 소개하고 싶은데, 맞는 적절한 사례 없을까?', '이 데이터를 뒷받침할 재미있는 트렌드 사례가 있을까?'와 같은 질문을 던지면, 금세 후두두둑 여러가지 사례를 쏟아놓는, 신기한 능력의 소유자예요. 이것이 정말 대단한 능력인 이유는 트렌드 사례를 많이 알고 있는 것뿐만 아니라, 주제의 맥락과 해당 트렌드 사례가 가진 함의를 정확히 파악하고 이해하고 있어야 가능한 일이기 때문이죠.

저자가 몸담고 있는 대학내일20대연구소는 설립한 지 14년이 되었습니다. 밀레니얼세대 트렌드에서 Z세대 트렌드로, 이제는 알파세대 트렌드로 이어지는 연구를 하고 있는데요. 무려 3세대에 걸쳐 이어지는 세대 특화 트렌드 연구를 해온 곳은 국내에서 유일무이할 것입니다. 저자는 지난 10년 동안 이 길을 함께 개척하고 닦아온 당사자입니다. 이 책에는 그 과정에서 쌓인 저자만의 내공과 노하우가 정갈하게 정리되어 있습니다.

저자는 트렌드에 관한 이야기를 할 때면 눈이 반짝 빛날 만큼 이 일을 즐거워합니다. 트렌드를 찾는 비법과 더불어 트렌드를 찾는 즐거움까지 전수받아 가실 수 있기를 바랍니다.

　　　　　　　　　　　　　　- 호영성(대학내일20대연구소 소장)

트렌드, 어떻게 찾으세요?

"연구원님은 트렌드를 어떻게 찾으세요?"

최근 저에게 이런 질문을 하는 분들이 부쩍 늘었습니다. 특히 연말에 진행한 한 강연에서 이 변화를 확실히 체감했습니다. 강연 참여자들께 사전 질문을 받았는데, 100여 건 중 무려 40%가 '트렌드를 찾는 법'에 대한 질문이었어요.

'트렌드를 빠르게 읽어내려면 어떻게 해야 하나요?'
'의미 있는 트렌드를 구분하는 방법이나 기준이 있나요?'
'트렌드를 정의하고 분석하는 노하우가 궁금합니다!'

어디서 트렌드를 찾는지부터 유의미한 트렌드를 구분하는 기준까지. 디테일한 과정과 방법을 묻는 질문들을 통해 직접 트렌드를 찾고 정의하고 싶다는 니즈를 강하게 느낄 수 있었습니다.

요즘의 시대 흐름을 보면 이는 자연스러운 변화 같아요. 우리의 일상은 점점 더 빠르게 변하고 있습니다. 한 달도 안 되어 유행하는 밈과 아이템이 바뀌고, 앱이나 AI같이 새로운 것들이 끊임없이 생기죠. 이런 환경에서 누군가가 알려준 트렌드를 그대로 따라가기만 했다간 이게 맞는지 확신도 없고 한 발 늦은 느낌이 들기도 합니다. 스스로 트렌드를 찾고 흐름을 읽어낼 수 있어야 빠른 변화에 기민하게 대응할 수 있습니다.

또 하나의 흐름은 세분화입니다. 사람들의 취향과 니즈는 이제 더 세분화될 수 없을 정도로 파편화되고 있습니다. 비슷한 지역에 살고 같은 나이와 직업을 가지고 있다고 해도 라이프스타일은 모두 다릅니다. 대중이 알고 소비하는 트렌드는 이미 한물간 것으로 여겨지기도 하고, 소수의 마니아층이 향유하는 '마이크로 트렌드'를 읽어내는 것이 중요해지고 있어요. 그러면서 파편화된 방대한 트렌드의 바다에서 나에게 유의미하고 필요한 트렌드를 잘 골라내는 것이 중요한 역량이 되고 있습니다.

앞으로도 세상은 더 빠르게 변화하고 복잡해질 겁니다. 스스로 트렌드를 찾고 내게 필요한 트렌드를 잘 골라내며 활용하는 것, 즉 '트렌드를 찾는 법'을 아는 것이 지금 시대에 중요한 경쟁력이 될 거예요.

10여 년간 트렌드 연구원으로서 매년 빠르게 변하는 트렌드를 쫓고 인사이트를 도출해온 저도 여전히 시행착오를 겪고 있습니다. 찾아도 찾아도 나오지 않는 트렌드 때문에 밤을 지새우기도 했고, 낯선 분야의 트렌드를 수집하고 인사이트를 뽑기 위해서 고군분투하기도 했습니다. 10년간 매일 비슷한 일을 반복하는데도 트렌드를 쫓는 일은 항상 새롭고, 갈수록 어려워지기도 합니다.

트렌드는 매일 새롭지만, 저는 계속 나이가 들기 때문이에요. 알고리즘에도 노화가 있는지 '요즘 트렌드'를 수집하는 일이 쉽지 않아 고생하기도 하고, 쉽게 공감 가지 않는 트렌드를 이해하기 위해 머리를 싸매기도 합니다.

그래도 이런 시행착오를 겪으며 트렌드를 찾고 인사이트를 정의하는 저만의 노하우와 팁은 어느 정도 생긴 것 같습니다. 내가 원하는 트렌드가 찾아오도록 알고리즘을 만드는 방법이나 전혀 모르는 분야의 트렌드를 찾는 방법, 트렌드인지 아닌지 판단하는 나름의 기준 같은 것 말이죠. 적어도 '트렌드를 어디서부터 찾아야 하지?', '이런 방식으로 해도 되나?', '이렇게 해석해도 되나?' 긴가민가했던 지점들을 명쾌하게 집어줄 수 있을 듯합니다.

이 책에는 제가 실무를 하며 중요하게 생각하고 챙기는 과정과 꼭 알아야 하는 개념, 시간을 줄여줄 꿀팁까지, 트렌드 워칭의 기본기를 꾹꾹 눌러 담았습니다. 그뿐 아니라 트렌드를 찾는 지난한 과정을 이겨낼 수 있는 마음가짐과 태도까지도 담고자 노력했어요. 제가 받은 질문들에 미처 다 전하지 못한 답변을 드리는 마음으로 한 자씩 적어냈습니다.

지금부터 바쁘다 바빠 현대 사회를 살아가는 데 꼭 필요한 트렌드를 좀 더 즐겁게 찾고 내 일상의 무기로 활용할 수 있는 방법을 알려드리겠습니다.

CONTENTS

03 트렌드 연구원의 트렌드 워칭 꿀팁

READ.

01

처음 만나는 트렌드

TREND?

급변하는 시대,
무기가 되는 트렌드

연말이 다가오면 서점 매대를 가득 메우는 도서가 있습니다. 바로 한 해의 트렌드를 정리하고 내년의 트렌드를 예측해서 소개하는 '트렌드 도서'입니다. 매년 수십 권의 트렌드 도서 중 한 권을 보태고 있는 입장에서, 한때는 '언제까지 트렌드를 찾을 수 있을까?', '10년 넘게 이어진 트렌드 열풍이 언젠가 가라앉지 않을까?' 걱정하기도 했습니다. 그러나 이런 불안이 무색하게도 점점 더 빠르게 변화하고 복잡해지는 세상 속에서 '트렌드'는 그 가치를 더해가고 있습니다.

뷰티, 푸드, 콘텐츠, 교육, 출판 등 여러 분야를 막론하고 앞으로의 트렌드를 미리 알고 대응하는 것이 중요해지고 있지요. 트렌드를 그다지 중요하게 생각하지 않는 듯 보였던 기업이나 분야에서도 트렌드에 눈을 돌리고 있습니다. 트렌드를 아는 것이 변화에 발 빠르게 대응하고, 미래의 불확실성을 줄이는 중요한 요소로 여겨지기 때문이에요.

개인도 마찬가지입니다. '트잘알(트렌드를 잘 알고 있는 사람)'이나 '트렌드 세터Trend setter[1]'처럼 트렌드에 밝고 유행을 이끄는 것이 하나의 능력으로 인정받는 반면, 트렌드를 잘 알지 못하면 뒤처지고 있다는 생각이 들기도 하죠. 이제는 트렌드를 아는 것을 넘어 '내게 필요한 트렌드를 찾는 것'이 중요한 역량이 되고 있어요. 마치 트렌드를 읽는 능력이 빠르게 변하고 복잡한 이 시대를 살아가기 위한 필수 교양이 된 것 같습니다.

트렌드가 트렌드인 시대, 이 책을 집어 든 여러분의 일상에서도 트렌드는 자의든 타의든 자주 접하는 단어일 겁니다. 앞으로의 사업 전략을 짜거나 새로운 제품을 기획할 때, 마케팅을 할 때도 트렌드를 중요하게 찾아보곤 하고요. 친구들과 만나는 시간이나 여가 시간을 의미 있게 보내기 위해서도 요즘 유행하는 것들을 찾아본 적이 있을 겁니다.

---

[1] 유행이나 트렌드를 만들고 선도하는 사람.

그런데 이렇게 일상에서 트렌드를 찾다보면 종종 야속한 일을 겪기도 합니다. 아무리 열심히 찾아도 내가 원하는 트렌드가 꼭꼭 숨어 나타나지 않거나 트렌드를 찾긴 했지만 이게 트렌드인지 아닌지 판단이 서지 않았던 경험, 나는 트렌드라고 생각했는데 다른 사람들은 공감하지 못해서 설득하느라 답답했던 경험 같은 것요. 때로는 어디서부터 어떻게 트렌드를 찾아야 할지 시작부터 막막함을 느끼기도 했을 겁니다.

이런 야속함과 막막함의 가장 큰 이유는 우리가 트렌드에 대해 모호하게 알고 있기 때문입니다. 일상에서 '트렌드'라는 단어를 수시로 접하고 사용하지만, 트렌드의 의미에 대해 구체적으로 생각해본 적은 없을 거예요. 우리가 흔히 트렌드라고 부르는 것은 매우 광범위하고 정확한 정답이 없습니다. 기준을 어떻게 세우고 해석하는지에 따라 달라지기 때문에 이건 트렌드가 맞고, 이건 아니라고 딱 잘라 말하기 어렵죠. 계속해서 새로운 현상이 생기고 변화하기 때문에 그때는 트렌드였던 것이 지금은 아닐 수도 있습니다.

이렇게 유동적이고 변화가 많은데 개념마저 모호하게 알고 있다보니 어디서부터 찾아야 할지, 내가 찾은 현상이 트렌드가 맞는지, 나에게 필요한 트렌드는 무엇인지 감을 잡기 어려웠을 겁니다.

본격적으로 트렌드를 찾는 여정을 떠나기 전, 트렌드의 개념부터 명확히 정리해보고자 합니다. 트렌드의 개념과 기준을 안다면 트렌드를 찾아가는 여정에 유용한 나침반이 될 테니까요.

도대체 '트렌드'란 무엇일까?

여러분은 '트렌드'라고 하면 무엇이 떠오르나요? 지금 인스타그램이나 틱톡에서 유행하고 있는 것, 인싸[2]들이 가는 핫플레이스, 사람들이 오픈런Open run[3]을 하며 사는 제품, 요즘 젊은 사람들이 많이 쓰는 신조어나 밈Meme[4] 등을 주로 떠올릴 것 같습니다.

---

[2] 인사이더(Insider)라는 뜻으로 사람들과 잘 어울려 지내는 사람을 의미하며, 트렌드에 밝은 사람을 뜻하기도 함.

[3] 오픈(Open)과 런(Run)을 합친 용어로, 무언가를 구매하기 위해 매장 문이 열리자마자 뛰어가 구매하는 것을 의미함.

[4] 모방(Mimeme)과 유전자(Gene)를 합친 용어로, 과학자 리처드 도킨스가 처음 제시한 용어지만 오늘날에는 온라인 커뮤니티나 SNS에서 발생하는 독특하고 재미있는 말이나 행동을 인터넷에서 모방 혹은 패러디하는 콘텐츠를 의미함.

트렌드라고 하면 '유행'이나 '젊은층이 주로 즐기는 것'이라는 이미지를 많이 연상하는데요, 이런 인식은 트렌드를 이해하고 받아들이는 데 하나의 장벽이 되기도 합니다. 트렌드를 '일부' 젊은층에서 '일시적'으로 즐기는 유행으로만 생각하면 나와는 거리가 멀고 중요하지 않다고 여겨지고 꼭 알아야 하는 것인지 반감마저 들기도 합니다.

하지만 트렌드는 인싸템이나 신조어, 밈 같은 일시적인 유행만을 의미하는 것이 아닙니다. 트렌드의 개념을 정의해 보자면 다음과 같습니다.

TREND?

트렌드?
요즘 유행하는 것
틱톡, 인싸, 핫플레이스, 신조어, 밈

TREND!

트렌드!
어떤 특정한 집단에서 야기된 이슈가
어느 기점에 도달해 사회를 관통하는
하나의 큰 흐름으로 자리잡은 것

이처럼 트렌드는 일시적인 유행뿐 아니라 사회를 관통해 삶의 방식과 인식을 변화시키는 큰 흐름도 포함한 개념입니다.

기술의 발전, 인구 구조의 변동, 사회적인 사건 등 살아가면서 겪는 수많은 변화는 우리의 일상과 관계, 가치관, 소비 형태 전반에 영향을 주고 그 과정 속에 '트렌드'가 생깁니다. 이전에는 없었던 새로운 현상이 생겨나기도 하고, 과거에 주목받았던 현상이 다시 끌어올려져 재해석되기도 하죠.

이렇게 발생한 트렌드는 하나의 흐름이 되어 다시 우리의 일상 전반에 영향을 미칩니다. 사람들의 생활 패턴이나 라

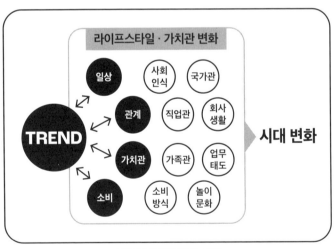

트렌드가 일상에 미치는 영향

이프스타일을 변화시키고, 더 나아가 시대의 흐름을 바꾸죠.

즉 트렌드를 읽는다는 것은 우리의 일상 속 변화를 발견하고, 그 변화가 어떤 영향을 미치는지, 또 어떻게 변해가는지 큰 흐름을 읽는 것입니다.

트렌드의 의미도 단순히 일시적인 유행을 빠르게 읽고 적용하는 것에서 끝나지 않습니다. 시대 변화의 흐름과 맥락을 읽어 사회의 변화에 기민하게 대응하고 미래를 대비하는 것까지 포함하죠. 트렌드는 소소한 유행부터 거대한 사회의 변화까지 포함하는 개념임을 먼저 이해해야 합니다.

이처럼 트렌드는 매우 광범위한 개념이지만, 우리는 '트렌드'라는 단어를 만능으로 활용하고 있습니다. 근래 유행한 패션인 'Y2K[5]'와 '발레코어Balletcore[6]'도 트렌드라고 지칭하고, 사람들의 직업관부터 여러 산업의 문법과 판도를 바꾸고 있는 'AI'도 트렌드라고 부릅니다. 일시적이고 작은 변화부터 시대의 흐름을 뒤바꾸는 거대한 변화까지 모두 트렌드라는

---

[5] Y2K란 2000년대를 의미하며, 1990년대 후반부터 2000년대 초반에 인기를 끌었던 패션 스타일을 뜻함.
[6] 2023년 유행한 패션 트렌드 중 하나로, '발레(Ballet)'와 코어(Core)의 합성어로 발레복을 일상복에 접목시킨 패션 스타일.

세 글자로 퉁치고 있는 것이죠.

　사실 트렌드는 네다섯 개의 유형으로 세분화할 수 있습니다. 'FAD'나 '마이크로 트렌드'처럼 유형에 따라 저마다의 명칭으로 부르기도 하고요. 이렇게 특정 기준에 따라 세분화된 트렌드의 유형을 알면 트렌드의 개념을 보다 명확하게 이해할 수 있습니다.

　그렇다면 트렌드의 유형을 구분하는 기준과 각 유형의 특징으로는 무엇이 있을까요?

트렌드의 네 가지 유형

앞서 트렌드의 개념을 '어떤 특정한 집단에서 야기된 이 슈가 어느 기점에 도달해 사회를 관통하는 하나의 큰 흐름으로 자리잡은 것'이라고 소개했지요. 우리가 어떤 현상을 트렌드라고 정의하기 위해서는 그 현상에 동조하는, 어느 정도 규모의 '집단'이 있어야 합니다. 또 그 집단 안에서 특정 현상이 어느 정도 '지속'되고 영향력을 갖추어 트렌드라고 볼 수 있는 어느 기점까지 도달해야 하죠.

즉 트렌드에 공감하고 반응하는 '동조 집단'과 트렌드 현상이 향유되는 '지속 시간'이 트렌드를 구성하는 핵심 요소인 것입니다.

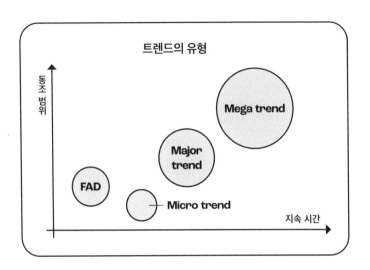

트렌드의 유형

동조 범위

Mega trend

Major trend

FAD

Micro trend

지속 시간

　　그리고 이 '동조 집단의 범위(규모)'와 '현상의 지속 시간'을 기준으로 위의 표와 같이 트렌드의 유형을 구분해볼 수 있습니다. 구분 방식에 따라 다섯 개의 유형으로도 나누기도 하지만, 이 책에서는 'FAD', '마이크로 트렌드Micro trend', '메이저 트렌드Major trend', '메가 트렌드Mega trend'까지 총 네 가지 유형으로 나누어 설명하겠습니다.

1. FAD(For A Day)

　　첫 번째로 소개할 유형은 FAD입니다. FAD란 'For A Day'의 약자로 '일시적인 유행'을 의미합니다. 우리가 흔히 유행이라고 말하는 현상들이 FAD에 속하죠. 한때 품절 대란이 일었던 '먹태깡'이나, 2023년 잘파세대[7]를 중심으로 선풍적인 인기를 끈 '탕후루' 등이 대표적인 예입니다. 또 시즌별로 빠르게 변하는 패션과 뷰티 분야의 유행, 온라인에서 빠르게 만들어지고 소비되는 유행어와 밈 등도 FAD라고 할 수 있어요.

FAD는 소수의 집단이 동조하는 마이크로 트렌드보다는 비교적 동조 집단의 범위가 넓습니다. 보통 '상대적으로 대규모의 사람들이 동조하는 트렌드'라고 정의하는데요. 쉽게 이야기하자면 '유행에 관심 있는 일반 대중이 동조하는 트렌드' 정도로 생각하면 됩니다.

다만, FAD는 현상이 지속되는 시간이 짧습니다. FAD의 지속 시간은 보통 1년 이내인데요. 최근에는 트렌드 변화 속도가 빠르다보니 FAD의 지속 시간도 점점 짧아지는 듯합니다. 핫템으로 떠오른 제품의 유행이 2~3개월 만에 그치기도 하고, 숏폼 챌린지나 밈 등은 2주 만에 반짝하고 사라지는 경우도 많죠.

---

[7] Z세대(1990년 중후반~2010년 초반 출생자)와 알파세대(2010년 초반 이후 출생자)의 합성어로 현재 1020세대를 지칭하는 용어.

그동안 트렌드를 트래킹하며 체감한 FAD 유형별 지속 시간을 살짝 공유해볼까 하는데요. 모든 사례에 부합하는 것은 아니고, 트렌드를 조사하며 개인적으로 느낀 경향성이니 이 점 감안하여 참고해주세요.

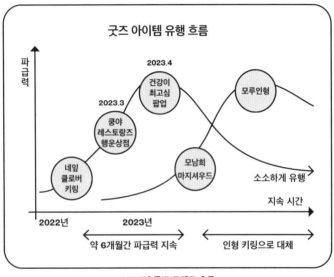

2023년 굿즈 트렌드 흐름

일반적으로 제품이나 아이템의 유행이 강력한 파급력을 가지고 지속되는 기간은 3~6개월 정도입니다. 굿즈 유행의 흐름을 보면, 여전히 '행운 굿즈'가 소비되고 있긴 하지만 처음 이슈가 된 2022년 연말부터 2023년 상반기까지 6개월 간의 파급력이 가장 컸습니다. 그 뒤에는 '인형 키링'이 인기를 끌며 트렌디한 굿즈 자리를 대체했죠.

2023년 굿즈 트렌드 흐름

굿즈의 트렌드 흐름을 조금 더 살펴보겠습니다.

2023년 Z세대 사이에서 네잎클로버 키링, 행운 부적처럼 행운을 기원하는 의미를 담은 '행운 굿즈'가 유행했습니다. 2022년 상반기부터 네잎클로버 패턴이 들어간 굿즈나 키링이 소소하게 유행해오다 2022년 하반기부터 눈에 띄게 많아지기 시작했지요. 수능과 연말 시즌 행운을 비는 의미를 담은 네잎클로버 굿즈가 선물하기 좋은 아이템으로 주목받으며 본격적인 트렌드로 떠오른 것입니다.

부산에는 네잎클로버 관련 소품을 주로 파는 '럭키스토어'라는 소품샵이 생기기도 하고, Z세대에게 인기인 문구 크리에이터 아무개씨(@ahmugae_c)가 네잎클로버 콘셉트의 굿즈를 내기도 했습니다. 이렇게 행운 굿즈 제품이 늘어나고 보다 많은 사람이 트렌드를 인지하고 소비하며 파급력이 점점 커졌지요.

그리고 2023년 3월, 행운을 파는 상점을 콘셉트로 한 넷마블의 '쿵야 레스토랑즈 행운상점'이나 100가지 종류의 부적 굿즈를 판매한 '건강이 최고심' 같은 팝업스토어가 연이어 열리면서 유행의 정점을 찍었습니다. 그러다 2023년 4~5월쯤부터는 비슷한 굿즈가 너무 많이 쏟아지고 소비되다보니 트렌드의 매력도가 떨어지며 파급력도 조금씩 줄어들기 시작했습니다.

그와 비슷한 시기인 2023년 5월경 모남희(Monamhee), 마지셔우드(Margesherwood) 등 인형 키링이 인기를 끌기 시작하며 트렌디한 굿즈의 자리를 대체했습니다. 좋아하는 키링을 구매하기 위해 키켓팅(키링+티켓팅)에 나서거나 웃돈을 얹어 구매하는 적극적인 모습도 나타났고요. 인형 키링은 기업과 브랜드의 콜라보 굿즈로도 인기를 끌었습니다.

인형 키링의 유행은 계속 이어지며 확장했습니다. 2023년 10월쯤부터 모루[8]를 이용해 인형 키링을 직접 만드는 DIY가 유행하기도 했고요. 2024년 1월 라이프스타일숍 원모어백에서는 무려 브랜드 및 작가 45팀과 200종 이상의 인형 키링을 만날 수 있는 '플러피 키링 뉴스 2024' 팝업스토어를 열기도 했어요.

다만 한 가지 기억해야 할 것은 파급력이 줄어들기 시작했다고 해서 바로 트렌드로서의 의미가 없어지지 않는다는 점입니다. 계속

---

[8] 구부리기 쉬운 철사에 털이 달린 공예 재료.

굿즈 아이템 유행 흐름

[2022.10 ~]
네잎클로버 굿즈

[2023.04 ~]
최고심 부적 굿즈

[2023.10 ~]
모루 인형 키링 DIY

파급력이 줄어 쇠퇴한 트렌드도 있지만, 꾸준히 이어지거나 변주되는 트렌드도 있습니다. 네잎클로버나 부적 모티브의 행운 굿즈역시 2023년 4월 이후에도 계속 소비되고 있고요. 행운 굿즈의 유형과 콘셉트도 변주되며 다양해지고 있습니다. 그러다 새로운 유형의 행운 굿즈가 주목받게 되면 다시 트렌드로 떠오를 수도 있는것이죠. 아니면 행운을 전하기 좋은 연말이나 새해마다 이슈가 되는 시즈널한 트렌드로 자리잡을 수도 있고요.

그 다음으로 챌린지, 유행어, 밈과 같은 트렌드는 지속 시간이 더 짧은데요. 보통 1~3개월 정도 지속되며, 상황에 따라 지속 기간이 2주밖에 되지 않는 경우도 있습니다.

최근 챌린지나 밈의 소비 양상을 가장 잘 살펴볼 수 있는 채널은 틱톡, 릴스, 쇼츠 같은 숏폼 플랫폼입니다. 콘텐츠 호흡과 확산이 빠른 숏폼 콘텐츠가 챌린지, 유행어, 밈이 만들어지고 소비되는 최전선이 되었기 때문이죠.

숏폼 챌린지는 유행 지속 시간이 약 한 달 정도입니다. 한 챌린지가 유행을 타면 1~2주 만에 챌린지 영상이 우후죽순으로 올라옵니다. 챌린지가 확산한 지 1~2주가 지나면 영상

2023년 유행 챌린지

[2023.9]
뽀삐뽀 챌린지

[2023.11]
슬릭백 챌린지

[2023.12]
스노우맨 챌린지

을 올리면서도 '챌린지 막차 탔다'고 표현하며 늦었음을 드러내기도 하죠.

보통 동일한 챌린지가 틱톡, 릴스, 쇼츠에서 비슷한 시기에 유행하는 경우가 많은데요. 숏폼 플랫폼마다 이용자층과 생태계가 다소 달라, 특정 플랫폼에서 유행한 챌린지가 한두 달 뒤 다른 플랫폼에서 '끌올'되어 뒤늦게 이슈가 되기도 합니다.[9]

유행어와 밈도 양상은 비슷합니다. 숏폼 플랫폼을 비롯한 온라인 커뮤니티, X(트위터), 라이브 방송(치지직, 아프리카TV 등) 같은 채널에서 새로운 밈이 만들어지고 인스타그램이나 유튜브 같은 다른 채널로 확산해 1~3개월 정도 소비됩니다. 일부 밈은 TV와 같은 대중매체로도 확산하며 좀 더 장시간 소비되기도 하는데요. TV와 같은 대중 매체에 소개될 경우, 너무 많은 사람에게 소비되며 트렌드의 매력도가 급격히 감소

---

[9] 또 주목할 현상은 바로 '변형 챌린지'로, 챌린지를 원본 그대로 따라 하지 않고 재해석해 새로운 밈을 만들어내는 것을 의미함. 예를 들어 블랙핑크 지수의 '꽃' 챌린지 안무를 그대로 따라서 추는 것이 아니라, 강아지 얼굴을 손으로 감싸 꽃이 핀 것처럼 표현하는 '꽃개 챌린지'로 변형해 반려동물과 함께 찍는 콘텐츠로 활용하는 식. 이런 변형을 통해 챌린지가 좀 더 오래 이어지기도 함.

하기도 합니다.

이처럼 FAD는 짧은 기간 동안 비교적 강력한 파급력을 가지고 확산합니다. 반면, 트렌드가 빠르게 확산하고 소비되는 만큼 매력도가 빠르게 감소해 지속 시간은 1년 이내로 길지 않죠. 그렇기 때문에 FAD를 활용하고자 할 때는 제품이나 콘텐츠에 가능한 빠르게 적용하는 것이 좋습니다.

만약 너무 늦게 FAD를 알았을 경우, 트렌드를 그대로 적용하는 것은 사람들에게 피로도를 줄 수 있습니다. 이럴 때는 앞선 사례에서 소개한 것처럼 형식이나 콘셉트를 약간 변형해 적용하거나, 트렌드가 발생한 원인이나 동인을 파악해 새로운 방식으로의 적용을 고민할 필요가 있습니다.

2. 마이크로 트렌드(Micro trend)

두 번째 유형은 마이크로 트렌드입니다. 마이크로 트렌드는 소수의 집단이 열정적으로 동조하는 트렌드를 의미합니다. 동조 집단의 범위는 FAD보다 작으나, 더 열정적으로 트렌드를 향유하고 즐기는 것이 특징입니다. 그렇기 때문에 지속 시간 또한 1~3년 내외로 FAD보다 깁니다.

최근에 다른 유형보다도 마이크로 트렌드를 빠르게 센싱하는 것이 중요해지고 있습니다. 초개인화 시대로 접어들면서 개인의 라이프스타일과 니즈, 취향이 더 다양해지고 세분화되고 있기 때문이에요. 그러다보니 이른바 국민템처럼 모두를 만족시키고 대중적인 인기를 끄는 제품이나 서비스는 점점 더 만들기 어려워지고 있습니다. 모두가 다 알고 쓰는 아이템은 매력적이거나 트렌디하지 않다고 여겨지기도 하고요.

오히려 타깃 소비자의 니치한 취향이나 세분화된 라이프스타일에 맞는 제품이 인기를 끌고, 스몰 브랜드 제품이 트렌디한 제품으로 여겨지고 있어요. 메이저 트렌드와 메가 트렌드의 자리를 세분화된 마이크로 트렌드가 채우고 있는 것이죠.

또 하나 주목해야 할 점은 마이크로 트렌드가 지속적으로 향유되고 확산하여 메이저 트렌드나 시대를 관통하는 트렌드로 자리잡는 경우가 많다는 점입니다. 그렇기 때문에 선제적으로 마이크로 트렌드를 찾고 활용하는 것이 중요해지고 있습니다.

최근 Z세대와 알파세대가 만드는 트렌드에 대한 관심이 높아지는 이유도 여기에 있습니다. 변화에 민감한 Z세대와 알파세대가 열정적으로 동조하면서 만들어가는 마이크로 트렌드가 시대를 관통하는 트렌드로 확산하는 경우가 많기 때문입니다. 대표적인 예로 '갓생'을 들 수 있습니다.

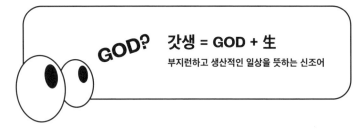

GOD? **갓생 = GOD + 生**
부지런하고 생산적인 일상을 뜻하는 신조어

기존에는 아이돌 팬덤에서 덕생(덕질+인생)과 반대되는 생산적인 삶을 지칭하던 용어였는데요. 이 신조어가 Z세대의 일상으로 번져나갔습니다. 코로나 시기에 무기력을 극복하기 위해서 좋은 습관 만들기에 나서고, 열품타(열정을 품은 타이머)와 같은 자기계발 앱을 이용해서 자신이 공부하는 모습을 적극적으로 인증했지요.

또 몸과 건강을 챙기는 운동에도 열심이었죠. Z세대가 주도한 갓생 문화는 다른 세대로도 확산하여 MZ세대가 지향하는 라이프스타일의 하나로 자리 잡았습니다. 이런 라이프스타일은 헬스케어, 영양제, 건강기능식품 트렌드와 식음료 시장의 제로 열풍, 단백질(프로틴) 소비 등을 견인하고 있기도 합니다.

이처럼 마이크로 트렌드는 더 큰 파급력을 가지고 확산할 가능성이 있는 트렌드 시드 역할을 합니다. 마이크로 트렌드를 빠르게 읽어내고 활용하면 트렌드 변화에 보다 기민하게 반응할 수 있겠죠. 또 소비자의 취향이 세분화되고 이들의 니즈와 특성을 파악하는 것이 중요해지는 요즘, 마이크로 트렌드는 세분화된 소비층을 이해하는 토대가 되기도 합니다.

3. 메이저 트렌드(Major trend)

세 번째 유형은 메이저 트렌드입니다. 메이저 트렌드란 대다수의 사람이 동조하는 트렌드로, FAD나 마이크로 트렌드보다 동조 범위가 넓습니다. 지속 기간도 단순 유행을 넘어 3~5년 정도 이어집니다. FAD나 마이크로 트렌드보다 많은 사람이 공감하고 향유할 수 있는 대중적인 트렌드라고 할 수 있습니다.

앞서 마이크로 트렌드에서 예로 들었던 '갓생'도 지금은 메이저 트렌드의 하나로 볼 수 있습니다. 2020년 후반부터 주목받은 갓생 트렌드는 4년 넘게 지속되고 있지요. 이제는 10대와 대학생뿐 아니라 더 많은 사람이 공감하고 향유하는 라이프스타일이 되었기 때문입니다.

또 다른 예로 '뉴트로'도 메이저 트렌드로 볼 수 있습니다.

뉴트로 = New + Retro
경험해보지 못한 옛것을
현대적으로 재해석해 즐기는 것

2018년쯤부터 트렌드로 주목받기 시작해, 8여 년간 지속되고 있는 트렌드죠. 뉴트로 트렌드는 시간이 지나며 조금씩 변주되고 있는데요.

연도	레트로 감성	주요 트렌드
2017년	개화기 감성 (1900년대)	• 익선동 • 개화기 의상 대여
2018~2019년	7080감성 (70~80년대)	• 을지로(힙지로) • LP바, 필름카메라, 노포
2020~2021년	하이틴 감성 (90년대~2000년대 초)	• 하이틴룩 • CDP, 집게핀
2022~2023년	Y2K 감성 (2000년대)	• Y2K룩, 사이버코어 • 캠코더

2017~2018년에는 19세기 말에서 20세기 초 경성 시대의 감성을 재해석해 즐겼습니다. 골목과 한옥이 어우러진 익선동이 핫플레이스로 뜨고, 경성 시대 옷을 빌려주는 의복 대여점이 인기를 끌었죠. 2018년 하반기부터는 을지로를 중심으로 1980년대 감성이 인기였습니다. 을지로 주변의 노포나 1980년대 느낌이 물씬 나는 바와 카페가 인기를 끌고, LP나 필름 카메라가 20대의 취미로 각광받았습니다.

그리고 2020년부터는 1990~2000년대의 Y2K 감성이 대세로 떠올랐습니다. 그 시절을 직접 향유하지 않은 Z세대가 새로운 소비층으로 떠오르면서부터죠. 미국 하이틴 영화에서

나올 법한 하이틴룩이 유행하고 크롭티, 로우라이즈, 카고바지 등 2000년대 패션이 끌올되어 재해석되었습니다.

또 디지털 카메라나 캠코더로 유튜브 브이로그를 찍기도 하고요. Y2K 콘셉트를 잡고 콘텐츠를 만들기도 합니다. 그 시절 패션으로 밀리오레나 동묘에서 테크토닉을 추는 숏폼 콘텐츠를 올리고, 그 시절 감성으로 다이어리를 꾸며 올리는 계정을 운영하기도 하죠.

이렇게 뉴트로로 소비되는 아이템이나 소비 양상은 조금씩 변하지만 '과거의 것을 새롭게 재해석해서 즐긴다'는 흐름은 지속되고 있습니다.

4. 메가 트렌드(Mega trend)

네 번째 유형은 메가 트렌드입니다. 이름에서도 느껴지듯이 메가 트렌드는 전 세계 사람들이 동조할 정도로 동조 범위가 넓습니다. 지속 시간도 10년 이상 이어지는 하나의 큰 시대 흐름을 의미하고요. 현대 사회에서 일어나는 거대한 움직임이나 변화를 메가 트렌드라고 할 수 있습니다.

예를 들자면 SNS도 메가 트렌드의 하나라고 볼 수 있습니다. 페이스북, 인스타그램과 같은 SNS 플랫폼이 생기면서,

전 세계 사람들의 커뮤니케이션 방식이나 라이프스타일이 변했고 광고나 마케팅 방식도 달라졌죠. 또 최근 화두가 되고 있는 AI도 전 세계 사람들의 삶의 방식이나 인식을 바꿀 메가 트렌드라고 볼 수 있습니다.

지금까지 동조 집단의 범위와 현상의 지속 시간을 기준으로 트렌드의 유형을 네 가지로 나누어 살펴보았습니다. 일상 생활에서 흔히 사용하면서도 모호하게 알고 있던 트렌드의 개념이 어느 정도 정리되었나요?

막연하게 알고 있던 트렌드의 개념을 좀 더 명료하게 이해하고, 유형별로 세분화해 구분하는 것은 트렌드를 찾는 여정에서 좋은 기준점이 되어줄 겁니다. 나에게 유용한 트렌드가 어떤 것인지 파악하고, 내게 필요한 트렌드로 범위를 좁혀 접근할 수 있기 때문이죠.

예를 들어 Z세대를 타깃으로 한 브랜드의 SNS 콘텐츠 기획을 담당하고 있고 Z세대와 빠르게 소통하는 것이 중요하다면, 이런 니즈에 맞춰 FAD를 찾는 데 집중하는 것으로 방향을 좁힐 수 있습니다. 일시적으로 유행하는 밈과 신조어, 아이템을 빠르게 캐치하고 적용하는 것이 효과적이기 때문이죠. 또 식물을 좋아하는 식집사를 대상으로 한 제품이나 마케팅을 기획한다면, 이들 사이에서 이슈가 되는 마이크로 트렌드에 집중하는 것이 효과적일 테고요.

반면 내년 사업 계획을 세우거나 신규 프로젝트, 사업 등을 런칭한다면, 빠르게 변하는 일시적인 현상보다는 소비자들의 인식이나 형태 변화의 큰 흐름을 읽는 것으로 방향을 설정할 수도 있습니다. 이처럼 트렌드 유형은 내게 필요한 트렌드를 찾아가기 위한 하나의 기준점이 됩니다.

또 하나 기억해야 할 것이 있습니다. 짧은 유행에 그치는 FAD나 동조 집단이 작은 마이크로 트렌드는 상대적으로 중요하지 않게 여기는 경우가 종종 있는데요. 메가 트렌드라고 해서 무조건 알아야 하는 것도 아니고, 일시적으로 유행하는 FAD나 소수 집단만 동조하는 마이크로 트렌드라고 해서 중요하지 않은 것도 아닙니다.

앞에서 이야기했듯 트렌드는 '흐름'입니다. 이런 관점에서 FAD와 마이크로 트렌드 모두 더 큰 영향력을 가진 메이저 트렌드와 메가 트렌드로 성장할 가능성이 있는 트렌드 시드입니다. 그렇기 때문에 이를 수집하고 변화 양상을 확인하는 일은 매우 중요합니다. 메이저 트렌드나 메가 트렌드도 대중적인 인식이나 큰 변화의 흐름을 읽을 수 있다는 점에서 역시 중요하고요.

트렌드는 저마다의 의미와 가치가 있습니다. 그러므로 내가 필요한 트렌드 유형이 어떤 것인지 기준을 먼저 명확하게 세우고 접근해야 합니다.

02

일상에서 트렌드 찾는 법

TREND?

트렌드 연구원이 알려주는
나만의 트렌드 찾는 법

본격적으로 트렌드 찾는 법을 알아보기에 앞서 고백하겠습니다. 1년 내내 트렌드를 찾고 분석하는 트렌드 연구원으로서 엄청난 영업 비밀이 있을 것 같지만, 사실 트렌드를 찾는 과정은 매우 심플합니다.

1단계: 트렌드 수집	2단계: 트렌드 인사이트 도출	3단계: 트렌드 검증

트렌드 현상과 사례를 열심히 모으는 '트렌드 수집 단계'

와 현상 안에 담긴 함의와 인사이트를 도출하는 '트렌드 인사이트 도출 단계', 그리고 모은 사례나 도출한 인사이트가 유의미한지 정량/정성 데이터나 다양한 방법으로 검증하는 '트렌드 검증 단계'까지. 이렇게 크게 3단계로 나눌 수 있습니다. 뷰티, 푸드, 콘텐츠, ESG, Z세대 등 분야나 목적이 달라도 트렌드를 찾는 과정은 모두 비슷합니다.

이번 장에서는 트렌드 수집과 트렌드 인사이트 도출에 집중하고자 합니다. 실무에서는 다른 사람을 설득하거나 실제 업무에 활용하기 때문에 검증 단계를 꼭 거치는데요. 많은 시간과 노력이 들어가는 단계라 처음 시작하는 사람에게는 어렵게 느껴질 수 있어요. 또 검증을 하기 위해서는 먼저 트렌드 사례를 수집하고 이를 바탕으로 나만의 인사이트를 뽑는 단계가 잘 다져지는 것이 중요하고요.

그래서 이번 장에서는 검증 단계를 제외하고, 나만의 아카이빙 루틴을 만들고 인사이트가 담긴 트렌드 다이어리를 작성해보겠습니다. 보고서나 기획서의 근거 자료를 마련해야 하는 실무자들을 위해서는 130페이지에 트렌드 검증 방법을 정리해두었어요. 내가 도출한 인사이트를 검증해보고 싶거나, 업무에 활용할 분들은 130페이지를 참고해주세요.

그럼 지금부터 여러분도 일상에서 부담 없이 시도하고 도전할 수 있는 '트렌드 찾는 법'을 찬찬히 소개하겠습니다.

STEP 1:
트렌드 수집 목표와 방향 설정하기

　모든 트렌드 연구와 프로젝트는 트렌드 사례를 수집하는 것으로 시작합니다. 트렌드 사례가 풍부할수록 다각적인 인사이트를 도출할 수 있고 양질의 사례를 선별하기 쉽기 때문에 그 무엇보다 중요한 과정이라고 할 수 있죠.

　한 가지 웃픈 것은 트렌드 수집이 시작인 동시에 끝이기도 하다는 점입니다. 트렌드 수집은 정말 최최최최종으로 프로젝트를 마무리 지을 때까지 이어집니다. 일에는 마감 기한이 있지만 트렌드에는 마감이 없습니다. 트렌드 인사이트 도출이 마무리되고 보고서를 작성하는 시점까지도 늘 새로운 트렌드 현상과 흐름이 나타나죠.

즉 트렌드 수집은 끝날 때까지 끝이 아니라는 마음으로 프로젝트 내내 이어나가는 일입니다. 또 일시적으로 반짝하고 끝내는 것이 아니라, 루틴처럼 꾸준히 주기적으로 해야 하는 일이죠.

끝날 때까지 끝이 아닌 지난한 트렌드 사례 수집을 잘 해나가기 위해, 프로젝트 시작 전 가장 먼저 해야 할 일이 있습니다. 바로 트렌드를 수집하는 목적과 이유를 명확하게 정리해 방향을 설정하고, 사례를 어디서 어떻게 찾을지 기획하는 것입니다.

이 작업은 자칫 번거로워 보일 수 있는데요. 약간의 시간을 투자하면 트렌드 수집 과정의 스트레스와 시행착오가 큰 폭으로 줄어듭니다. 트렌드 수집 과정의 효율과 효과를 높여 더 좋은 결과물을 얻을 수도 있죠. STEP 1에서 우리가 할 일은 ① 트렌드 수집 목적을 정리하고, ② 수집 항목과 범위를 설정하는 것입니다. 앞으로 트렌드 수집 과정에 이정표가 될 두 가지를 함께 살펴보아요!

DO! ① 트렌드 수집 목적 정리하기

저마다 트렌드를 찾으려고 결심한 이유나 목표가 있을 겁니다. 팝업스토어를 기획하기 위해 팝업이나 공간 트렌드를 알고 싶다거나, 반려동물 시장의 소비 트렌드를 알고 싶다거나, 혹은 SNS 콘텐츠 기획을 위해 요즘 뜨는 밈을 알고 싶다 등 말이에요. 꼭 업무 때문이 아니더라도 자기계발을 위해 SNS 콘텐츠에서 인사이트를 얻고 싶다거나, 일상을 좀 더 재미있게 보내기 위해 유행을 빠르게 캐치하고 싶은 사람들도 있을 겁니다.

구체적인 목표가 있는 경우도, 일단 한번 시도해보고 싶은 경우도 본격적인 시작 전 트렌드를 찾는 목적을 명확하게 정리할 필요가 있습니다. 하루에도 셀 수 없을 만큼 많은 콘텐츠와 정보가 쏟아지는 지금, 나의 목적과 방향을 명확하게 설정하는 것은 트렌드를 찾아가는 여정 내내 이정표가 될 테니까요.

트렌드를 찾는 목적은 뾰족하고 구체적이어야 합니다. 단순히 '팝업스토어 트렌드 찾기'가 아니라 'MZ세대를 대상으로 한 팝업스토어 트렌드 수집', '프리미엄 주류 팝업스토어에 적용할 만한 트렌드 수집'과 같이 타깃 소비자, 산업 분야, 주제 등을 구체적이고 명확하게 설정해야 합니다. 그리고 트렌드 수집을 통해 내가 얻고 싶은 결과가 무엇인지도 뾰족하게 잡아야 해요. 예를 들면 이런 식입니다.

Before
팝업스토어 트렌드 수집

구체화

After
트렌드 수집 목적 정리안

수집 목적 >>> MZ세대를 대상으로 프리미엄 주류 팝업스토어를 기획하여 올드한 브랜드 이미지 탈피 및 리브랜딩

주요 소비자 타깃 >>> 2030세대, MZ세대, 음주 고관여 소비자(프리미엄 주류 관심자)

주요 분야 >>> 프리미엄 주류, 위스키, 하이볼

최종 목표/결과 >>> 올드한 브랜드 이미지 탈피, MZ세대, 타깃 리브랜딩

내게 필요한 트렌드 >>> 팝업스토어, 음주, 여가·놀이문화, 리브랜딩

스킨케어 고관여 소비자, 일상에서 제로 웨이스트를 실천하는 사람, 캠핑과 차박을 즐기는 사람 등 내가 목표로 하는 소비자 타깃을 구체적으로 생각해보고, 내가 알고자 하는 주요 산업 분야나 트렌드 주제도 명확하게 좁혀봅니다.

이를 통해 얻고 싶은 것도 매출 증대나 인지도 상승, 리브랜딩 등 여러 가지가 있겠지만, 가장 중요한 최종 목표나 결과를 좁혀서 구체적으로 정해보세요. 이렇게 트렌드를 찾는 목적을 좀 더 명확하게 정리하면 내게 필요한 트렌드가 무엇인지 큰 윤곽이 잡힙니다.

자기계발 목적일 때도 마찬가지예요. 내가 왜 이 트렌드에 관심을 갖게 되었는지, 트렌드 수집을 통해서 어떤 결과를 얻고 싶은지 생각하며 내용을 채우면 방향이 명확해집니다. 꼭 모든 칸을 채우지 않아도 괜찮습니다. 주요 소비자 타깃이나 분야는 적지 않아도 되고 내가 디깅하고 싶은 타깃이나 분야로 바꾸어 적어도 좋아요.

트렌드 수집 목적 정리안

수집 목적 >>> 매일 아무 생각 없이 보는 SNS 콘텐츠에서 내 업무 (에디터)에 소소하게 도움이 될만한 소스를 얻고 싶음

디깅하고 싶은 타깃 >>> 20대, Z세대

디깅하고 싶은 분야 >>> 밈, 유행하는 아이템, 핫플레이스, 놀이문화

최종 목표/결과 >>> 요즘 Z세대 트렌드나 문화 이해하기, 제목에 활용할만한 밈 모으기

내게 필요한 트렌드 >>> Z세대 트렌드(밈, 아이템, 핫플레이스, 놀이문화 등)

여러분이 직접 해보면서 따라올 수 있도록 '트렌드 수집 목적 정리' 양식을 준비했습니다. 아직 어떻게 써야 할지 잘 모르겠다면, 예로 든 '프리미엄 주류 팝업스토어'나 '자기계발' 주제를 나만의 방식으로 정리해보는 것도 좋습니다. 내가 채울 수 있는 칸만 채워도 괜찮아요. '먼저 책부터 다 읽고 시작해야지' 하기보다는 지금 한번 펜이나 패드를 꺼내 나만의 트렌드 수집 목적을 정리해보세요. 한 단계씩 차근차근 따라오면 더 깊이 있게 이해할 수 있을 거에요.

트렌드 수집 목적 정리안

수집 목적 >>>

주요 소비자 타깃(디깅하고 싶은 타깃) >>>

주요 분야(디깅하고 싶은 분야) >>>

최종 목표/결과 >>>

내게 필요한 트렌드 >>>

직접 채워보세요!

DO! ② 트렌드 수집 항목과 범위 설정하기

이제 트렌드 수집 항목과 범위를 구체적으로 정해야 합니다. 예를 들어 필요한 트렌드가 팝업스토어, 음주, 여가·놀이 문화, 리브랜딩으로 좁혀졌다면 각각 트렌드별로 어떤 항목을 알아볼지 구체화하는 겁니다.

예를 들어 그냥 '음주 트렌드'로 퉁치는 것이 아니라 선호 주종, 술을 마시는 장소, 즐기는 술게임, 술자리 대화 주제, 음주 형태 등 트렌드 수집 항목을 세세하게 정하는 거예요.

수집 항목을 정할 때는 알아보면 좋겠다 싶은 것을 가능한 구체적으로, 자유롭게 떠올리는 것이 중요해요. 마인드맵을 그린다고 생각하고 일단 모두 다 적으면 좋습니다. '요즘 MZ세대 사이에서 어떤 팝업스토어가 인기였는지 살펴볼까?', '새롭게 적용할 수 있는 체험이나 이벤트나 굿즈가 있는지도 찾아봐야겠다', 'MZ세대는 요즘 어떤 술을 즐겨 먹지? 몇 차까지 가나?'처럼요.

이 과정은 혼자서도 할 수 있지만, 함께 프로젝트를 진행하는 팀원이나 워킹그룹이 있다면 같이 하는 것을 추천합니다. 다양한 사람의 시각이 더해져 혼자서는 미처 닿지 못했던

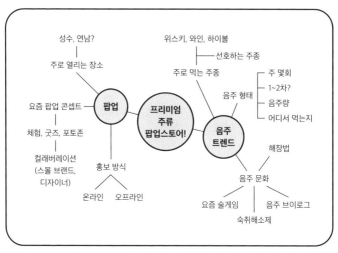

프리미엄 주류 팝업스토어 마인드맵

영역까지 생각해볼 수 있거든요. 워킹그룹 내에서 트렌드를 찾는 목적과 방향을 일치시킬 수 있고요.

이렇게 마인드맵을 그린 뒤에는 중요도와 우선순위를 생각하면서 다시 한 번 표로 분류하여 정리해봅니다. 팝업스토어 트렌드, 음주 트렌드처럼 대분류를 잡고, 마인드맵을 통해 연상한 내용을 상세 수집 항목으로 정리해요. 이렇게 한 번 더 표로 정리하면 빠뜨리는 것 없이 수집 항목을 명확히 설정할 수 있어요

[대분류] 내게 필요한 트렌드	[소분류] 상세 수집 항목	수집 범위
팝업스토어 트렌드	• 팝업이 주로 열리는 장소 (성수, 연남 등) • 요즘 MZ세대가 많이 찾는 핫플레이스 • 요즘 팝업 콘셉트 • 체험거리, 굿즈, 포토존 (콜라보할만한 브랜드 등) • 주류 팝업스토어 사례	최근 6개월 내
음주 트렌드	• 주로 마시는 주종 / MZ세대가 선호하는 주종 • 같이 먹는 안주 • 음주 형태 (주 몇 회, N차, 음주량, 음주 장소) • 음주 문화 (술게임, 숙취해소제, 음주 브이로그)	2020~2024년 변화 추이

　　수집 범위도 어떤 기간에 발생한 트렌드를 수집할 것인지(최근 3개월, 2024년, 2020년~2024년까지 변화 흐름 비교 등)를 목적에 맞게 생각해봅니다. 'MZ세대나 팝업 트렌드는 빠르게 변하니까 최근 6개월 내로 한정해서 최신 팝업스토어 트렌드를 살펴보는 게 좋겠지?'처럼 내가 목표로 한 트렌드를 수집하기에 적절한 기간을 정하기도 하고요. '음주 형태는 최근 트렌드만 봐서는 변화 양상을 파악할 수 없으니까, 최근 5년간

의 변화 형태를 살펴봐야겠다'처럼 기간을 정해 살펴볼 수도 있습니다.

앞의 예시는 구체적인 목적을 가지고 트렌드 사례를 찾는 경우에 더 적합합니다. 반대로 일상에서 자연스럽게 접하는 콘텐츠나 현상에서 트렌드를 얻고 싶은 경우라면 평소 즐겨보는 콘텐츠에서 어떤 트렌드를 발견할 수 있을지 정리해볼 수 있어요. 최근 즐겨본 콘텐츠 채널이나 유형을 떠올리며 거기서 어떤 트렌드를 디깅할 수 있을지 마인드맵을 그려보는 거죠.

이렇게 정리하다보면 DO! ①에서는 알고 싶다고 적었는데 마인드맵에는 비어 있는 카테고리를 찾을 수 있어요. 예를 들어 '핫플레이스'를 알고 싶다고 생각했는데 내가 즐겨보는 것에는 핫플레이스를 알 수 있는 콘텐츠가 빠져 있는 거죠. 그런 부분은 앞으로 찾아볼 콘텐츠를 대신 적어봅니다. 그렇게 그린 마인드맵을 다시 60페이지의 표에 맞게 정리하며 점검해보세요.

이렇게 명확하게 목적을 설정한 후 어떤 트렌드를 찾아야 할지 구체적으로 항목을 설정하면 트렌드 수집 과정이 수월해집니다. 어떤 채널에서 정보를 수집하고, 어떤 정보를 취사선택할지 결정하는 데 큰 도움을 받을 수 있어요.

앞선 사례의 경우, 팝업스토어 트렌드 수집을 위해 ① 최근 팝업 방문 후기가 많이 업로드되는 숏폼 콘텐츠, ② 성수, 연남 등 팝업이 많이 열리는 지역의 정보를 전하는 로컬 인플루언서, ③ 팝업 정보를 공유해주는 뉴스레터 등으로 정보 수집 채널을 좁힐 수 있습니다. 그리고 정보를 수집하는 과정에서도 6개월 전에 열린 팝업스토어 사례는 제외할 수 있고요. 음주 트렌드를 수집할 때도 프리미엄 주류와 관련되지 않은 트렌드들은 제외할 수 있습니다. 이렇게 기준이 잡히면 막막하기만 했던 트렌드 수집의 시작이 조금 더 명확해집니다.

만약 별다른 목표 없이 '그냥 트렌드를 한번 찾아보고 싶다'라고 생각한 경우라도 주요 소비자 타깃이나 분야는 대략적으로 설정해보는 것이 좋습니다. 'Z세대가 좋아하는 콘텐츠'처럼요. 트렌드란 범위가 워낙 넓기 때문에 막연하게 '트렌드'로 시작하기보다는 기준점이 될 수 있는 한 가지 포인트라도 정하는 것이 좋습니다.

기준점을 어떻게 잡아야 할지 막막할 때는 본인의 평소

관심사와 가깝게 설정하는 것을 추천합니다. 좋아하고 관심 있는 분야일수록 더 잘 보이고 재미있거든요. 또는 처음에는 일단 모든 방향을 열어두고 탐색하되 재미있고 흥미로운 분야를 발견하면 그것을 중심으로 좁혀가는 방법도 있습니다. 순서는 바뀌어도 괜찮지만 최소한의 목표는 정하고 탐색해야 트렌드 찾기가 용이하고 그 뒤 인사이트를 정리하는 것도 수월하다는 점을 기억해주세요.

이번에도 펜이나 패드를 꺼내, 앞서 정한 목적에 맞춰 트렌드 마인드맵을 그려보세요. 처음부터 많은 시간을 들이면 지루해질 수 있으니 딱 10~15분 정도로 시간을 정하고 마인드맵(64페이지)을 그려보아요. 그 다음, 표(65페이지)에 맞춰 정리하면서 한 번 더 빠뜨린 부분을 채워봅니다. 중요한 것은 완벽하게 하는 게 아닙니다. 트렌드 수집 항목과 범위는 실제로 트렌드를 찾아가면서 좀 더 수정하거나 구체화할 수 있습니다. 그러니 밑그림을 그리는 과정이라고 생각하고 일단 한 번 채워보세요.

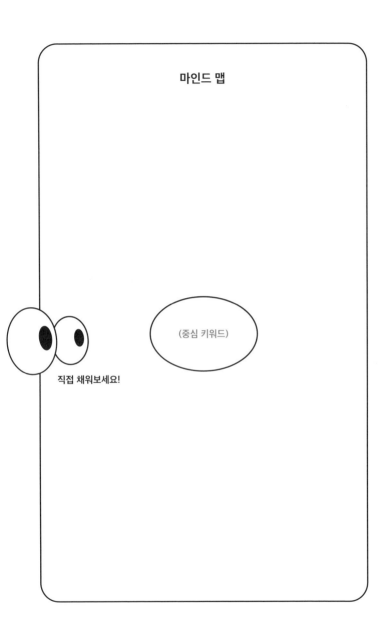

마인드 맵

(중심 키워드)

직접 채워보세요!

트렌드 수집 항목과 수집 범위

[대분류] 내게 필요한 트렌드	[소분류] 상세 수집 항목	수집 범위

직접 채워보세요!

STEP 2 :
트렌드 수집 채널 기획하기

트렌드 수집 목적과 방향을 명확히 잡았다면, 이제 어떤 채널에서 트렌드를 찾을지, 채널별로 트렌드 수집 비중을 어떻게 가져갈지 기획해야 합니다.

인스타그램, 유튜브, 틱톡, 온라인 커뮤니티, 뉴스 기사, TV 같은 온라인·미디어 채널부터 옷을 사려고 들어간 쇼핑몰이나 친구와 나눈 대화, 주말에 찾은 핫플레이스까지. 트렌드를 수집할 수 있는 채널은 매우 다양합니다. 또 소비자들의 라이프스타일이나 취향이 세분화되면서 각자 이용하는 온라인 채널이나 오프라인 공간도 다 달라서 소비자 타깃이나 트렌드 유형마다 효과적으로 수집할 수 있는 채널도 천차

만별이죠.

그렇기 때문에 내게 필요한 트렌드를 찾을 수 있는 채널을 미리 파악하는 사전 작업이 필요합니다. 결국 이 과정도 트렌드 수집의 효율과 효과를 높이기 위해서예요.

이번에 우리가 할 일은 앞에서 정리한 목적에 맞춰 트렌드를 어떤 채널에서 수집할지 '트렌드 수집 채널 기획안'을 써보는 겁니다. 그러기 위해서는 먼저 각각의 트렌드 수집 채널이 어떤 특징을 갖고 있는지 알아야 해요.

내게 필요한 트렌드를 찾기 위해서 어떤 채널이 필요한지 생각하면서 ① 트렌드 수집 채널별 특징을 알아보고, ② 트렌드 수집 채널 기획안도 직접 작성해보아요.

DO! ① 트렌드 수집 채널별 특징 파악하기

목적에 맞게 트렌드 수집 채널을 정하기 위해서는 먼저 각 채널이 어떤 특성과 장점을 가지고 있는지 알아야 합니다.

트렌드 수집 채널들을 굵직하게 분류해보면 다음과 같이 세 가지 유형으로 나눌 수 있습니다. 유형별로 특징을 소개할게요.

● 온라인·미디어 채널

우리가 일상에서 가장 쉽게 트렌드를 접할 수 있는 곳
은 바로 온라인·미디어 채널입니다. 인스타그램이나 X(트위
터) 같은 SNS, 유튜브, 온라인 커뮤니티, 뉴스레터, 뉴스 기사,
TV 등이 여기에 속하죠. 온라인·미디어 채널에서는 매일 수
많은 정보와 콘텐츠가 쏟아집니다. SNS나 온라인 커뮤니티
에서는 조회 수, 좋아요, 댓글 등으로 해당 콘텐츠에 대한 사
람들의 반응까지 살필 수 있고, 무엇보다 장소나 시간의 제약
없이 내가 원하는 정보나 콘텐츠를 확인할 수 있다는 점이 큰
장점입니다.

그래서 저도 트렌드 사례를 수집할 때 온라인·미디어 채

널을 주로 이용하는데요. 이 채널들은 트렌드를 효율적으로 수집하는 데 유용하지만, 트렌드를 찾는 사람을 슬프게 하는 특징도 있습니다. 바로 온라인·미디어 채널에도 트렌드가 있어서 영향력 있는 채널이 계속해서 달라진다는 점입니다.

업무를 하면서도 절절하게 느끼는 부분입니다. 저는 연구원이나 사내 구성원 들과 함께 트렌드 사례를 공유하고 토의하는 '트렌드 워칭 그룹'을 매년 운영하고 있는데요. 그러다 2015~2017년쯤에는 주로 페이스북에서 트렌드 사례를 수집했어요. 2018년부터는 유튜브에서 수집한 사례가 눈에 띄게 늘어났고요. 트위터가 흥했던 시기도 있었죠. 최근에는 유튜브 쇼츠, 인스타그램 릴스, 틱톡 등 숏폼 플랫폼을 통해 사례를 수집하는 경우가 부쩍 늘었습니다.

소비자가 직접 콘텐츠를 만들고 소비하는 채널이 바뀌면서 각 채널의 영향력도 달라진 겁니다. 즉, 트렌드 수집 시에 채널 영향력 변화에 중점을 두며 탐색하는 채널을 바꿔야 하죠.

'트렌드를 찾기 위해 채널 트렌드부터 알아야 한다니!' 하고 막막해할 사람들을 위해 채널 유형별 트렌드 영향력을 표로 정리해봤어요. 트렌드가 처음 만들어지거나 유입되는 채 널부터 트렌드가 확산하며 파급력을 키워가는 채널까지, 트 렌드 영향력을 기준으로 구분했습니다.[10]

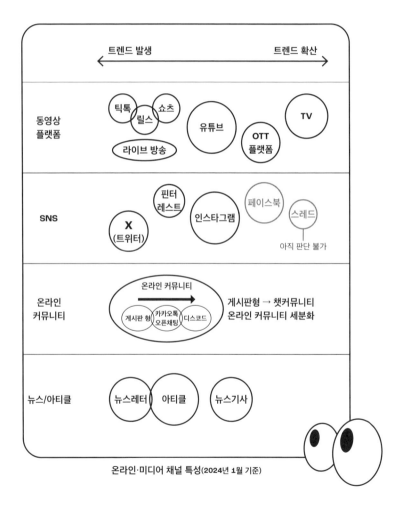

온라인·미디어 채널 특성(2024년 1월 기준)

트렌드가 발생하고 확산하는 트렌드 상류에 속한 플랫폼들에는 특징이 있습니다. 첫 번째는 숏폼 플랫폼, X(트위터), 핀터레스트, 디스코드와 같이 트렌드에 민감한 젊은층이 주로 사용하며 트렌드를 만들고 확산하는 채널이라는 점이고요. 두 번째는 라이브 방송 플랫폼, 온라인 커뮤니티, 카카오톡 오픈채팅, 뉴스레터 등 특정 분야에 관심이 높은 고관여 소비자층이 세분화된 관심사를 기반으로 모여 교류하고 소통하는 곳이라는 점입니다.

즉 트렌드 상류에 속한 채널은 소수가 열정적으로 즐기는 마이크로 트렌드가 만들어지고 향유되는 곳입니다. 그렇기 때문에 실시간으로 만들어지는 마이크로 트렌드를 발빠르게 수집할 수 있는데요. 아직 대중적으로 알려지지 않은 트렌드를 빠르게 캐치하는 것이 중요하다면 마이크로 트렌드가 발

---

10 표를 참고할 때 다음 세 가지를 기억해주세요. (1) 전반적인 경향성을 보여주는 것으로 절대적인 기준은 아닙니다. 틱톡, X(트위터)에서만 새로운 트렌드가 만들어지는 것이 아니고 유튜브에서 만들어진 트렌드가 틱톡, X(트위터) 등으로 확산하기도 합니다. (2) 채널이 너무 많아 동영상 플랫폼, SNS, 온라인 커뮤니티, 뉴스/아티클로 유형을 구분했는데요. 각 유형 안에서만 영향을 주고받는 것이 아니라 모든 채널이 서로 영향을 주고받습니다. (3) 온라인·미디어 채널 트렌드는 지금 이 시점에도 계속 변화하고 있습니다. 이 책의 초고를 쓰고 수정하는 단 6개월 사이에 트위치가 한국 서버를 종료하고 네이버의 치지직이 새롭게 론칭하기도 했어요. 책을 읽는 시점에 따라 상황이 달라질 수 있으니 이를 고려해서 확인해주세요.

생하는 트렌드 상류로 찾아가는 것이 좋습니다.

하지만 이런 채널에서 트렌드를 수집할 때는 정리되지 않은 날것의 일상이나 콘텐츠를 보면서 유의미한 트렌드를 선별해야 한다는 어려움이 있습니다. 이제 막 발생한 트렌드라 동조 범위도 좁고 얼마나 확산할지, 또 얼마나 영향력을 가질지 판단하기 어렵기 때문이죠.

또 다른 어려움은 마이크로 트렌드가 만들어지는 채널들이 점점 더 파편화되고 있다는 점입니다. 뉴스레터만도 수백 개가 넘고요. 온라인 커뮤니티는 디시인사이드, 더쿠, 블라인드 같은 게시판형 커뮤니티뿐만 아니라 카카오톡 오픈채팅, 디스코드 같은 채팅형 커뮤니티가 대세가 되며 더 세분화되고 있습니다. 이런 채팅형 커뮤니티는 데이터 크롤링도 안 되고 접근하기도 어렵습니다. 트렌드가 발생하는 모든 채널을 팔로우하고 트래킹하는 것은 현실적으로 불가능한 일이죠.

그렇기 때문에 때로는 트렌드 상류에서 만들어진 트렌드가 한 번 필터링되어 모이고 확산하는 채널을 확인하는 것이 더 효율적일 때도 있습니다. 유튜브, 인스타그램, TV 등이 트렌드가 비교적 대중적으로 확산하는 채널입니다. 이 채널들의 공통점은 트렌드 발생 채널보다 이용자층이 비교적 넓다는 점인데요. 트렌드 상류에서 만들어진 마이크로 트렌드 중 일부가 이 채널에 취사선택돼 넘어오고, 보다 많은 사람이 향유하며 영향력을 키워갑니다.

이처럼 트렌드 채널별 특성에 대해서는 말씀드릴 정보와 인사이트가 정말 많습니다. '이것도 중요한데, 이것도 놓칠 수 없는데' 하며 정리하다가는 한도 끝도 없이 길어질 거예요. 그래서 여기에서는 온라인·미디어 채널별 주요 특징과 수집할 수 있는 트렌드 유형을 주요 핵심만 뽑아 표로 정리했어요. 그 외 상세한 정보는 부록으로 따로 정리해두었습니다. 온라인·미디어 채널별 특징, 채널별 트렌드 센싱하는 법에 대한 자세한 내용은 151페이지를 참고해주세요.

플랫폼별 특징 요약

동영상 플랫폼	숏폼 콘텐츠 플랫폼	• 마이크로 트렌드가 빠르게 만들어지고 확산하는 플랫폼 • 전 세대가 이용하는 대중적 플랫폼이 되었으며, 특히 **1020세대**가 적극 이용 • 이어 찍기, 리믹스, 챌린지 문화가 활발하고 이용층이 소통과 공유에 적극적 • 각 플랫폼별로 다른 생태계 형성(주 이용층과 소비 콘텐츠 다름) 틱톡: **10대**, 글로벌, 음원/챌린지, 팬덤/덕질 관련 콘텐츠 강세 릴스: 가족(부부,자매,부모,아기), 커플, 핫플, 캐릭터, 스몰 브랜드, **1일 1릴스** 콘텐츠 강세 쇼츠: 크리에이터 제작 콘텐츠, 영화/드라마 클립, 정보성 콘텐츠 강세
	라이브 방송 플랫폼	• 스트리머와 시청자 간 활발한 공유로 밈이 많이 생성됨 • 게임, 먹방, 스포츠, 경제, 재테크 등 특정 관심사 강세 • 네이버 치지직, 아프리카 TV, 유튜브 라이브, 트위치(24년 2월 종료) 등
	유튜브	• 전 세대가 이용하는 대중적인 플랫폼 • 마이너한 것부터 메이저한 트렌드까지 모두 확인 가능 • 인플루언서, 연예인, 미디어/엔터테인먼트, 기업 콘텐츠 모두 확인 가능 • 푸드, 패션, 가전, 육아, 자동차, 아이돌, 과학, 여행 등 다양한 분야 콘텐츠
	OTT	• 대중매체보다 제약이 적어 다양한 주제, 콘텐츠 형식 시도 • 오리지널 콘텐츠를 중심으로 다양한 트렌드와 변화 관찰 • 넷플릭스, 디즈니 플러스, 왓챠, 티빙, 웨이브 등

SNS	X(트위터)	• Z세대가 주 이용층이며, 마이크로 트렌드와 밈이 빠르게 생성됨 • 실시간 트렌드를 통해 실시간 이슈 확인 가능 • K-pop, 애니메이션, 영화, 스포츠 팬덤 및 사회적 이슈 관련 콘텐츠 • 트친소, RT 영업 등 X(트위터)만의 독특한 문화 존재
	핀터레스트	• 자신의 취향인 이미지를 스크랩해 공유하는 SNS로, Z세대가 주 이용층 • 패션, 뷰티, 인테리어, 굿즈 등 비주얼적인 트렌드 레퍼런스 수집 용이 • 해외 트렌드가 빠르게 유입되는 플랫폼
	인스타그램	• 전 세대가 이용하는 대중적인 SNS • 자신의 일상을 기록하고 공유하는 플랫폼 • 자신의 캐릭터/아이덴티티를 드러내는 포트폴리오로 활용 • 피드, 스토리, DM, 릴스, 공지 채널 등 다양한 콘텐츠/소통 툴 존재
	페이스북	• 이용층이 줄고 광고 콘텐츠가 늘어나 트렌드를 살펴보기 어려움
	스레드	• 2023년 7월 론칭한 텍스트 기반 SNS • 3040 위주로 자신의 썰을 푸는 콘텐츠가 많음 • 아직 생태계나 플랫폼 특성이 자리 잡히지 않아 지켜봐야 함

커뮤니티	카카오 오픈채팅	• 세분화되고 다양한 주제와 목적의 커뮤니티가 형성되고 영향력이 높아짐 • 개별 채팅방 접근에 제한이 있어 트렌드 수집에 제약이 있음
	디스코드 커뮤니티	• Z세대가 주로 이용 • 게임에서 음성 채팅을 주로 하던 플랫폼이었으나 커뮤니티로 확장됨
	온라인 커뮤니티	• 특정 분야 고관여 소비자인 사람들이 모여 마이크로 트렌드 생성 • 최근 버티컬 플랫폼(무신사, 당근 등)도 커뮤니티를 강화하고 있음 • 디시인사이드, 더쿠, 에브리타임, 블라인드, 네이버카페 등
뉴스 /아티클	뉴스레터	• 특정 분야 관심사의 정보와 트렌드를 빠르게 받아볼 수 있는 매체 • 세분화되고 다양한 주제의 뉴스레터 존재 • 비슷한 관심사를 가진 사람들이 교류하는 커뮤니티로도 확장 • 쉽게 도전해볼 수 있는 사이드 프로젝트로 인식하기도 함
	아티클	• 트렌드와 인사이트를 빠르게 전하는 아티클 증가 • 캐릿, 폴인, 롱블랙, 퍼블리 등의 플랫폼이 대표적
	뉴스기사	• 트렌드 이슈, 관련 데이터를 빠르게 접할 수 있음

● 유통·커머스 채널

버티컬 커머스 플랫폼, 온·오프라인 쇼핑몰, 온·오프라인 편집숍, H&B 스토어, 백화점 등 유통·커머스 채널도 유용한 트렌드 수집 채널입니다. 지금 사람들이 많이 구매하는 아이템, 소비 성향, 소비 형태 등 사람들의 관심사와 지갑이 열리는 곳을 파악할 수 있기 때문이죠.

유통·커머스 채널도 트렌드에 따라 영향력 있는 채널이 계속 변합니다. 현재 사람들이 많이 이용하고 영향력 있는 플랫폼이 어디인지 지속적으로 트래킹하는 것이 중요하죠. 유통·커머스 채널도 온라인·미디어 채널을 구분했던 것처럼 정리해봤어요.

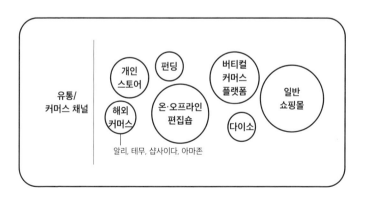

이용률은 쿠팡과 같은 플랫폼이 높지만, 제가 트렌드를 찾기 위해 자주 확인하는 유통·커머스 채널은 사람들의 '취향'을 기반으로 한 플랫폼입니다. 취향을 중심으로 제품을 큐레이션하여 소개하는 온·오프라인 편집숍이나 특정 관심사를 가진 고객층을 공략하는 버티컬 커머스 플랫폼들을 주로 살펴요. 대표적으로 29CM, 오늘의집, 무신사, 지그재그, 에이블리, 올리브영, 마켓컬리, 아이디어스, 텐바이텐 등을 들 수 있습니다.

소수의 고관여 소비자가 모인 온라인·미디어 채널에서 마이크로 트렌드를 빠르게 읽어낼 수 있듯이, 뾰족하고 니치한 취향을 타깃팅한 커머스 플랫폼에서 각 분야의 마이크로 트렌드를 빠르게 센싱할 수 있기 때문입니다.

이러한 채널에서 트렌드 찾는 방법을 간략하게 소개하자면요. 기본적으로 랭킹이나 베스트 제품을 먼저 확인합니다. 각 카테고리에서 요즘 뜨는 제품이나[11] 브랜드가 무엇인지

---

[11] '눈에 띈다'고 판단하는 기준은 주관적인데요. ① 이전에는 없었던 새로운 제품이나 ② '어라? 이런 게 유행한다고?' 싶은 것들을 일단 모두 킵해둡니다. 그리고 이 제품·브랜드가 진짜 인기가 많은지, 왜 유행하는지 등을 찬찬히 살피며 유의미한 것을 골라내요.

살피며 경향성을 확인하고요. 눈에 띄는 제품이나 브랜드가 있으면 찜, 스크랩 등으로 아카이빙합니다.

저는 특히 트렌드를 검증하는 용도로 '랭킹·베스트' 탭을 주로 활용합니다. 예를 들어, 2년 전만 해도 '이걸 누가 쓰나' 싶었던 바라클라바[12]가 2023년 겨울에는 스테디템이 되고 있다는 느낌이 들었습니다. 인스타그램에서도 일상에서 바라클라바를 착용한 모습을 자주 볼 수 있고, 주변에서도 구매했다는 사람이 늘었기 때문이에요.

'내 감이 맞을까?' 싶을 때는 바로 쇼핑몰 랭킹을 살펴봅니다. 당시 29CM의 여성 액세서리 월간 베스트에서 바라클라바가 2위와 4위로 나타난 걸 확인할 수 있었고요. 에이블리에서도 실시간 패션 소품 랭킹 3, 4위가 바라클라바로 나타났어요. 실제로 사람들이 많이 소비하고 있구나를 '랭킹·베스트'로 확인하며 검증한 것이죠.

그리고 또 많이 살펴보는 것이 기획전이나 MD의 추천입니다. 온·오프라인 편집숍과 버티컬 커머스 플랫폼은 사람들의 취향과 트렌드에 민감합니다. 각 분야에서 이슈가 되는 트렌드를 발빠르게 캐치해 제품과 브랜드를 추천하는 기획전을

---

[12] 얼굴과 머리 전체를 보온할 수 있도록 만든 복면 형태의 모자.

열죠. 29CM의 경우 발레코어가 유행했을 때 이를 바탕으로 기획전을 열었고요. 올리브영의 경우도 뷰티 트렌드를 발 빠르게 반영해 슬로우 에이징[13]을 내세운 기획전을 열었어요. 이런 기획전을 통해서 각 분야와 업계에서 주목하는 트렌드가 무엇인지 흐름을 살펴볼 수 있습니다.

마지막으로 이용자들이 직접 올린 리뷰와 콘텐츠도 꼭 살펴봅니다. 특정 분야에 관심이 많고 트렌드에 밝은 소비자들이 올리는 콘텐츠를 통해 마이크로 트렌드를 빠르게 읽을 수 있기 때문입니다. 대표적인 예로 오늘의집의 '집들이' 콘텐츠를 들 수 있는데요. 인테리어에 관심 많은 이용자들의 콘텐츠를 통해 유행하는 인테리어나 제품 트렌드를 확인할 수 있어요.

오늘의집뿐만 아니라 다른 버티컬 플랫폼도 최근 커뮤니티를 강화하고 있어요. 무신사도 이용자가 직접 패션 스냅을

---

[13] 건강한 아름다움을 유지하며, 자연스럽게 노화를 맞이하려는 움직임. 슬로우 에이징이 트렌드로 떠오르며 노화가 시작되기 전인 **20대**부터 사용할 수 있는 안티에이징 스킨케어 제품이 인기를 끔.
[14] 괴짜를 뜻하는 '긱(Geek)'과 세련된 스타일을 의미하는 '시크(Chic)'의 합성어로 너드룩의 고급스러운 버전.

올릴 수 있는 'Snap'과 커뮤니티인 '패션톡'을 강화했지요. 이 탭을 통해서 트렌드를 빠르게 확인할 수 있습니다.

2023년 12월부터는 '긱시크[14]' 룩이 조금씩 이슈가 되기 시작했는데요. 한 달도 안 되어 무신사 Snap에 '#긱시크'가 트렌드 키워드로 떠올랐더라고요. 트렌드 반영 속도가 정말 빠르다는 것을 느낄 수 있었습니다.

랭킹·베스트	기획전	이용자 리뷰·콘텐츠

· 요즘 유행템·브랜드 확인 · 내가 알고 있는 트렌드 검증	· 각 분야의 트렌드 흐름 확인	· 마이크로 트렌드 확인

이렇게 취향을 기반으로 한 유통·커머스 채널에서 랭킹, 기획전, 이용자들의 콘텐츠를 통해 각 분야의 마이크로 트렌드를 빠르게 센싱할 수 있습니다.

트렌드 캐칭을 위해
주목할 만한 유통·커머스 채널

첫 번째는 해외 커머스 플랫폼인 알리, 테무, 샵사이다입니다. 알리 익스프레스(이하 '알리')와 테무(TEMU)는 중국 이커머스 플랫폼으로, 압도적으로 저렴한 가격을 내세우며 사용자를 늘리고 있어요. 두 플랫폼은 와이즈앱에서 발표한 2023년 한 해 동안 가장 많이 성장한 앱 1, 2위에 나란히 꼽히기도 했습니다. 샵사이다는 LA 기반 SPA 브랜드인데요. 비교적 저렴한 가격과 독특한 아이템이 많아 Z세대 사이에서 인기를 끌고 있죠. 해외 배송이 쉬워지면서 저렴한 가격을 내세운 해외 커머스 플랫폼들의 영향력이 커지고 있습니다.

알리, 테무 리뷰 콘텐츠

또 하나 주목해야 할 것은 틱톡과 유튜브에 알리, 테무, 샵사이다에서 구매한 아이템을 리뷰하고 추천하는 콘텐츠가 많이 올라온다는 점입니다. 소비자들의 자발적인 리뷰 콘텐츠에서 주목받은 제품이 핫아이템으로 떡상하기도 해요. 알리, 테무, 샵사이다를 살펴보거나 '알리깡', '테무깡', '샵사이다 추천템' 등의 키워드를 틱톡이나 유튜브에서 검색하면 요즘 핫템들을 살펴볼 수 있습니다. 이 밖에도 중국의 온라인 패션 쇼핑몰 '쉬인', 대표적인 직구 플랫폼 '아마존' 등 해외 직구 플랫폼의 영향력이 강해지고 있다는 점도 주목할 만한 포인트입니다.

두 번째로 소개할 채널은 다이소입니다. 다이소는 누구나 한 번쯤 이용해봤을 정도로 대중적인 플랫폼인데요. 최근 이미지가 달라지고 있습니다. 단순히 생활용품을 저렴하게 구매하는 곳이 아니라 핫템을 구매하기 위해 오픈런을 하는 공간이라는 이미지가 생기고 있어요.

5,000원짜리 후리스가 캠핑을 즐기는 사람들 사이에서 꿀템으로 소문나며 품절 대란을 일으키기도 했고요. 2023년부터 뷰티 브랜드와 다이소의 컬래버레이션이 활발해지며, 저렴하고 질 좋은 뷰티 제품을 구하기 위해 오픈런이 일어나기도 했습니다. 뷰티 업계에서는 다이소가 올리브영의 대항마라는 말까지 나오고 있지요. 다이소의 이미지 변화에 영향을 미친 건 '잘파세대'인데요. 이들 사이에서 다이소가 방과 후에 꼭 들르는 놀이 공간이 되었고요. 다

이소의 신상이나 핫템을 구매하고 숏폼으로 리뷰 영상을 찍어 올리는 '다이소깡'이 하나의 놀이 문화로 자리 잡았어요. 다이소깡 콘텐츠를 살펴보면 요즘 잘파세대의 트렌드를 읽을 수 있습니다.

틱톡 '#다이소깡' 검색 화면

세 번째는 와디즈, 텀블벅과 같은 크라우드 펀딩 플랫폼인데요. 펀딩 특성상 뾰족한 취향을 타깃팅하거나 고관여 소비자를 대상으로 한 제품이 많기 때문에, 요즘 사람들의 취향이나 관심사를 읽을 수 있어요. 펀딩으로 시작하여 스몰 브랜드로 자리 잡는 경우도 많아서 이런 브랜드를 미리 발견할 수 있다는 장점도 있습니다.

그리고 마지막으로 오프라인에서 만날 수 있는 팝업스토어를 들 수 있습니다. 팝업스토어는 대표적인 마케팅·브랜딩 수단으로 자리잡았는데요. 이른바 팝업스토어의 성지인 성수에서는 한 달에만 30~40여 개의 팝업스토어가 열리고 있고, 더현대 서울에서도 연간 수백 개의 팝업스토어가 열립니다. 이 팝업스토어를 통해서 트렌디한 패션, 뷰티, F&B, 라이프스타일 스몰 브랜드와 캐릭터 및 콘텐츠 IP가 무엇인지 살펴볼 수 있습니다. 또 팝업스토어 홍보 방식이나 공간 경험 등을 통해서 최근 마케팅·브랜딩 트렌드도 확인할 수 있죠.

● 일상

흔히 간과하기 쉽지만 우리의 일상도 트렌드를 접하기 좋은 채널입니다. 트렌드를 읽는다는 것은 우리 일상에 나타난 변화를 읽는 것이에요. 그렇기 때문에 내가 사는 물건, 친구와 나누는 대화, 주말에 찾은 핫플레이스 등 일상의 모든 것이 소스가 될 수 있습니다.

실제로 저도 일상에서 자연스럽게 트렌드를 포착하는 일이 많습니다. 저는 집이 경의선 숲길 근처라 산책을 자주 나가는데, 벚꽃 시즌이 되자 평소보다 외국인 관광객이 많이 늘어난 것을 느꼈습니다. 처음에는 그저 코로나가 끝나서 그런가 싶었는데요. 회사 지인과 이 주제로 스몰톡을 하다가 해외에서 경의선 숲길이 벚꽃 맛집으로 알려졌다는 정보를 접했습니다.

숨은 여행 스팟을 발굴해 공유하는 콘텐츠가 늘며, 평소 관광객이 많이 찾지 않던 곳도 가볼 만한 곳으로 소문 나는 것이죠. 이런 일상의 경험과 대화를 통해서 관광지 소비 방식이 달라지고 있다는 트렌드를 읽어낼 수 있었어요.

특히 저는 주변 사람들과의 대화에서 트렌드를 많이 포착하는데요. 특정 분야 덕후인 친구들과 대화하면서 잘 몰랐던 새로운 트렌드를 줍줍합니다. 핫플 탐방을 좋아하는 친구를 통해 정보를 얻기도 하고요. 차에 관심 있는 친구를 통해 티 브랜드나 체험하기 좋은 티 오마카세를 추천받기도 하죠. 게임을 좋아하는 친구를 통해 요즘 핫한 게임이나 유행하는 밈을 전해 듣기도 합니다.

서로 콘텐츠를 접하는 알고리즘이 다르기 때문에 요즘 알고리즘에 어떤 콘텐츠가 뜨는지에 대한 이야기도 많이 나눠요. 서로 겹치는 콘텐츠를 통해 뜨는 콘텐츠에 대한 힌트를 얻기도 하고요. 내 알고리즘에는 뜨지 않는 콘텐츠와 인플루언서에 대한 정보를 얻기도 하죠.

평소에는 그냥 흘려보낸 내 일상을 다시 돌아보면서 실마리를 찾기도 합니다. 예전에는 맛집을 주로 네이버에서 알아봤는데 요즘에는 캐치테이블에서 알아보고 예약한다는 것, 자연스럽게 제로 음료를 구매하는 경우가 많아졌다는 것, 자주 가던 카페가 없어지고 무인 샐러드 가게가 들어온 것 등 일상에서 느낀 소소한 변화를 통해서 트렌드를 포착합니다.

우리가 너무나도 당연하게 생각하고 있던 일상은 사실 작은 변화의 연장선입니다. 특별할 것 없어 보이는 일상에서도 나와 주변의 관심사를 관찰하고 영감을 얻을 수 있어요. 트렌드는 멀리 있는 것이 아니고 주변에 녹아 있기 때문에 항상 트렌드 안테나를 세우고 익숙하게 넘겼던 일상의 모습에 관심을 가질 필요가 있습니다.

DO! ② 트렌드 수집 채널 기획안 작성하기

트렌드를 수집할 수 있는 채널과 채널별 특징을 알아보았으니, 이제 효율적으로 수집을 하기 위해 준비해봅시다. 앞서 STEP 1에서 세웠던 목표를 고려해 트렌드 수집 채널을 선정하고, 채널별로 트렌드 수집 비중을 어떻게 가져갈지 기획해야 합니다.

먼저 내가 찾고자 하는 트렌드가 많이 올라오는 채널이 어디인지 살펴봅니다. 예를 들어 SNS 콘텐츠를 위한 밈이 필요하다면 밈이 활발하게 생성되는 온라인 커뮤니티, X(트위터), 유튜브, 라이브 방송 플랫폼에 중점을 둘 수 있고요. 인테리어나 리빙 관련 트렌드가 궁금하다면 인스타그램이나 유튜브에 리빙 관련 인플루언서 콘텐츠를 살펴보거나, 오늘의집처럼 코어 타깃이 몰려있는 커뮤니티에서 발생하는 마이크로 트렌드를 수집할 수도 있죠.

트렌드 수집 채널을 기획할 때 고려해야 할 점은 여러 채널을 고루 살펴야 한다는 점입니다. 채널마다 이용층이나 주 소비 콘텐츠가 다르기 때문에 한 가지 채널에만 집중하면 다소 편향적이고 한정적인 사례만 수집될 수 있어요.

트렌드 수집 시 특정 채널만 활용하고 있지는 않은지 점검해보고 채널을 추가하는 것이 좋아요. 다양한 채널을 통해서 다각적으로 트렌드를 수집해야 하기 때문이죠.

단, 집중해서 트렌드를 수집하는 주요 채널과 보조 채널의 비중은 적절히 분배해야 합니다. 예를 들면 이렇게요.

Z세대의 뷰티 트렌드를 수집한다고 가정하고 어디서 트렌드를 수집할지, 채널별 비중은 어떻게 가져갈지 기획해본 것입니다. 먼저 뷰티 관련 제품 리뷰, HOW TO, 스타일링 방법 콘텐츠가 활발히 올라오는 유튜브와 인스타그램, 틱톡을

Z세대 뷰티 트렌드 수집 채널 기획안		
채널명	**비중**	**상세**
유튜브 (쇼츠 포함)	30%	• 뷰티·패션 인플루언서 계정 • 헤어·메이크업 아티스트, 퍼스널 스타일링 계정 • 핵심 키워드 검색(S/S 메이크업 트렌드 등)
인스타그램 (릴스 포함)	20%	• 뷰티·패션 인플루언서 계정 • 뷰티·패션 브랜드, 매거진 계정 • 탐색 탭을 통한 관련 콘텐츠 탐색
틱톡 온라인 커뮤니티	20% 15%	• 뷰티·패션 인플루언서 계정 • 핵심 키워드 검색(글로벌 뷰티 트렌드 등) • 뷰티 관련 커뮤니티 및 뷰티 관련 게시판 콘텐츠 • 제품 후기, 피부 고민, 관심사 등 확인
커머스 플랫폼	10%	• 제품 랭킹, 신상품, 리뷰, 마케팅·콘텐츠, 모델, 굿즈 등 • 올리브영, 뷰티컬리, 29CM, 카카오톡 선물하기, 알리, 다이소 등
기타 채널	5%	• X(트위터) 뷰티·패션 인플루언서 계정 • 핀터레스트 뷰티·패션 관련 키워드 검색

핵심 트렌드 수집 채널로 정했어요. 그리고 해외의 트렌드가 빠르게 유입되는 틱톡에서 해외 유행 메이크업, 제품 등 글로벌 트렌드를 중점적으로 수집하는 등 플랫폼 특성에 맞춰 정보를 수집하기도 하고요. 모든 채널에서 동시다발적으로 언급되는 제품, 브랜드, 화장법, 관리법이 있는지 살피며 트렌드를 선별합니다.

온라인 커뮤니티에서는 유튜브나 인스타그램, 틱톡 등에서 뷰티 제품에 대한 소비자들의 진짜 리뷰나 피부에 대한 고민을 확인합니다. 뷰티 관련 커머스 플랫폼에서도 제품 랭킹을 확인해 실제로 인기가 있는지 살펴보고 소비자의 리뷰를 통해 상세한 반응을 확인해요. 이런 식으로 다른 채널에서 수집한 트렌드를 검증하기도 하죠. 또 X(트위터)나 핀터레스트 등의 채널에서도 눈여겨볼 트렌드가 없는지 살펴보기도 합니다.

여기서 정하는 채널별 비중은 절대적으로 들이는 시간이나 수집하는 트렌드의 비율이라기보다는 '중요도(내가 찾는 트렌드가 있을 가능성)'라고 생각하면 돼요. 89페이지의 표를 예로 들자면, 트렌드를 수집할 때 비중이 30%인 유튜브에서 주요 사례를 살펴본 뒤에 인스타그램과 틱톡을 봅니다. 그리고 비중이 5~10%인 채널들을 가볍게 살펴보면서 보조적으로 활용합니다. 모든 채널을 꼼꼼히 살펴보기는 어렵기 때문에 내가 찾는 트렌드가 있을 가능성이 높은 채널의 비중은 높게 정하고, 다른 채널들은 보조적으로 활용하여 보완하는 겁니다. 다양한 채널을 효율적이고 균형있게 살펴보기 위한 방법이에요.

앞서 이야기한 내용을 고려해서 트렌드 수집 채널 기획안을 작성해보세요. 지금은 주 채널과 보조 채널을 나누는 정도만으로도 충분합니다. 살펴볼 채널들의 리스트를 만드는 것이 중요합니다. 이 점을 고려해서 한번 작성해보세요.

트렌드 수집 채널 기획안

채널명	수집 채널의 각 비중 (총합 100% 기준)	상세 내용
	직접 채워보세요!	

92

STEP 3:
트렌드 수집과 아카이빙하기

트렌드를 효율적으로 찾기 위한 목표 설정과 트렌드 수집 채널 기획까지 마쳤다면, 이제 본격적으로 트렌드 사례를 아카이빙해야 합니다. 아무리 재미있는 사례라고 해도 한 번 보고 스쳐 지나가면 금세 잊기 마련이에요. 막상 필요한 타이밍에 꺼내 쓰지 못하고 '아 그거 뭐였더라…'만 반복하게 됩니다. 열심히 모은 트렌드를 필요할 때 꺼내 쓰기 위해 트렌드 사례 아카이빙이 필요하죠.

이번 STEP 3에서 우리가 할 일은 앞서 STEP 1에서 잡은 목표에 맞춰 STEP 2에서 정한 채널을 통해 트렌드 사례를 수집하고 '트렌드 아카이빙 리스트'를 작성하는 것입니다. ① 트렌드를 진짜 내 것으로 만들 수 있는 아카이빙 방법과 ② 트렌드 워칭을 지속해나갈 수 있는 나만의 트렌드 워칭 루틴 만드는 법을 알려주고자 합니다.

DO! ① 트렌드 아카이빙 리스트 쓰기

트렌드 리스트 만들기는 정말 간단합니다. 노션이나 구글 시트, 엑셀 등 나에게 편한 툴을 택해서 클리핑한 사례들을 차곡차곡 정리하면 돼요. 단 해당 트렌드를 한눈에 파악하기 쉽도록 몇 가지 항목을 정해서 좀 더 구체적으로 기록합니다. 아래는 현재 제가 기록하고 있는 트렌드 리스트예요.

트렌드 아카이빙 리스트 예시(노션)

평소 각 채널에 클리핑해 둔 사례를 양식에 맞춰 하나의 리스트로 정리했습니다. 각 항목은 제가 트렌드를 아카이빙

할 때 중요하게 생각하는 요소입니다. 꼭 같은 형식일 필요는 없지만, 최소한 아래의 여덟 가지 항목을 기록해두면 나중에

트렌드 아카이빙 리스트 작성 양식

항목	작성 내용
콘텐츠 게시일 (트렌드 수집일)	• 콘텐츠가 업로드 된 날짜나 트렌드를 수집한 날짜 기입 • 트렌드 현상 발생 시점을 기록, 트렌드 변화 흐름 확인 용이 (발생한 지 얼마만에 유지, 강화, 쇠퇴했는지 트래킹)
수집 채널	• 어떤 채널에서 트렌드를 수집했는지 기록 • 각 채널별로 분류하여 트렌드 분석 가능
분류	• 각 트렌드 사례를 유형, 특징별 키워드로 분류 (콘텐츠, 마케팅 등) • 분류 키워드는 개인이 분류하고 싶은 기준으로 자유롭게 설정 • 키워드별로 분류하여 트렌드 분석 가능
사례 한 줄 요약	• 한 눈에 내용을 확인할 수 있도록 사례 간단 요약
주요 내용	• 사례의 주요 내용을 간단하게 요약 • 브랜드명, 콘텐츠명, 제품명 등 가능한 정확하게 적기
재미있는 포인트	• 사례에서 발견한 인사이트, 재미있는 점, 트렌드라고 생각한 이유
링크	• (온라인 콘텐츠의 경우) 원문을 확인할 수 있는 링크 첨부

수집 시점
조회 수/팔로워 수
	• 수집 시점의 콘텐츠 조회 수/팔로워 수 기록
	• 트렌드 변화 흐름과 영향력 확인 용이
	  (ex. 2024.01 팔로워 수 3만 → 2024.06 팔로워 30만 : 6개월 만에
	  팔로워 10배 이상 증가 등)

필요할 때 트렌드를 찾고 활용하기가 용이합니다. 또 트렌드를 지속적으로 트래킹하면서 의미를 읽어내기도 수월하고요.

먼저 어떻게 분류할지 살펴보겠습니다. 사례를 리스트업하면서 유형이나 특징별 키워드를 달아 트렌드를 분류합니다. 예를 들어 앞서 STEP 1에서 설정한 대로 '팝업스토어 트렌드', '음주 트렌드'와 같이 명확한 목표를 가지고 트렌드를 지속적으로 트래킹하고 아카이빙한다면 우리가 잡은 '수집 항목'에 따라 분류를 정하는 것이 좋습니다.

팝업스토어 트렌드, 음주 트렌드를 대분류로 정하고 세부 수집 항목을 소분류로 설정할 수 있겠죠. 또는 내가 활용하려는 목적에 맞춰서 굿즈 레퍼런스, 콘셉트 레퍼런스와 같은 향후 활용 방안을 기준으로 할 수도 있어요.

일상에서 자연스럽게 수집한 트렌드를 정리하는 경우라면 F&B, 뷰티, 패션, 게임과 같이 분야별로도 나눠볼 수 있고요. 핫플레이스, 친환경, 팬덤문화, 뜨는 계정과 같이 어떤 트렌드를 읽어낼 수 있는 사례인지 그 특징으로 구분해도 좋습니다. 물론 이 경우도 어떤 목적으로 활용할지 분류해볼 수 있겠죠?

이렇게 트렌드 사례를 분류해두면 나중에 유사한 키워드 끼리 묶어서 분석해 새로운 인사이트를 도출할 수도 있습니다. 팝업스토어 트렌드 사례와 음주 트렌드 사례를 엮어서, 요즘 이런 음주 문화가 트렌드이기 때문에 이런 콘셉트의 팝업이 흥한다는 인사이트를 읽을 수도 있고요.

94페이지의 아카이빙 리스트 예시에서 콘텐츠 관련 트렌드를 묶어서 본다면 '1일 1릴스로 브랜드를 운영하는 과정'을 올린 콘텐츠와 '클립으로 물물교환을 해서 집을 사는 과정'을 담은 콘텐츠를 통해 과정 기록 콘텐츠가 인기라는 것을 읽어낼 수 있어요. 관련된 사례가 더 많이 쌓인다면 더 다각적인 인사이트를 도출하는 것도 가능합니다.

그리고 콘텐츠 게시일(트렌드 수집일)과 수집 시점의 조회 수와 팔로워 수를 기록해두면, 트렌드 변화 흐름과 영향력을 확인하기 용이합니다. 예를 들어 2024년 1월, 팔로워 수 3만이었던 계정이 2024년 6월, 팔로워가 30만으로 늘어났다면 6개월 만에 팔로워가 10배 이상 늘어난 영향력 있는 계정이라는 사실을 구체적인 수치로 확인할 수 있습니다.

트렌드 아카이빙 리스트는 한번에 완성하는 것이 아닙니다. 말 그대로 일정 기간 동안 차곡차곡 쌓아가는 거예요. 예를 들어 '1개월 내 팝업스토어 트렌드 도출' 같이 명확한 기간과 목적을 갖고 트렌드를 수집한다면 짧은 기간에 몰아서 트렌드 사례를 수집하고 정리하기도 하는데요. 그런 경우가 아니라면 주 1회나 격주 1회 등 일정한 주기를 가지고 트렌드 리스트를 작성하는 것이 좋습니다. 트렌드는 흐름이기 때문에 주기적으로 트래킹하는 것이 중요하거든요.

이렇게 아카이빙 리스트를 작성하면 트렌드를 하나씩 정리하면서 한 번 더 생각을 정리할 수 있습니다. 또 여러 채널에 흩어져 있던 트렌드가 정리·분류되므로 확인하기도 편하지요. 이렇게 차곡 차곡 모은 트렌드는 나중에 큰 자산이 될 거예요.

자 그럼 STEP 1에서 정한 목표를 바탕으로 나만의 트렌드 아카이빙 리스트를 만들어볼까요? 단숨에 완벽하게 만든다고 생각하지 말고, 일단 아카이빙을 시작한다는 마음으로 가볍게 작성해보세요. 1~2개씩 채워가다보면 어떻게 하면 좋을지 감이 잡힐 거예요.

트렌드 아카이빙 리스트

항목	상세 내용
콘텐츠 게시일 (트렌드 수집일)	
수집 채널	
분류	
사례 한 줄 요약	
주요 내용	
재미있는 포인트	
링크	
수집 시점 조회 수/팔로워 수	

DO! ② 트렌드 아카이빙 루틴 만들기

최근 저의 가장 큰 고민은 '보고서의 핵심 내용을 좀 더 명확하게 전달할 수 없을까?'였습니다. 트렌드를 잘 찾는 것뿐만 아니라 잘 전달하는 것도 중요하다는 생각이 들었기 때문이에요. 보고서 헤드라인을 쓰는 데 도움을 얻고자 카피라이팅 강의도 들어봤습니다. 매력적인 문장을 쉽게 쓰는 방법이나 공식을 알게 될 거란 기대를 갖고요. 하지만 강의를 듣고 난 뒤 든 생각은 '아, 지름길은 없구나'였습니다. 결국 여러 방법을 시도하고 많이 써보면서 나만의 길을 찾는 방법밖에 없더라고요.

안타깝지만 트렌드를 찾는 것도 마찬가지입니다. 트렌드 사례를 수집할 때마다 '조금 더 쉽게 트렌드를 찾는 방법이나 채널이 있지 않을까?' 고민하지만 아직 명확한 답을 찾지 못했습니다. 사례 수집에 들이는 시간을 줄이고자 다른 사람과 업무도 나눠보고, 자동화할 수 있는 방법도 고민해봤는데요. 사례 수집에 투자하는 시간을 줄이니 트렌드 이해도가 함께 낮아지더라고요. 직접 트렌드를 찾고 디깅해야 온전히 이해하고 흐름을 따라갈 수 있었습니다.

다양한 채널을 최대한 많이, 최대한 자주 보는 것이 유일한 방법이었어요. 트렌드를 찾는 데 익숙해진 지금도, 업무가 바빠서 트렌드 트래킹에 소홀해지면 트렌드와의 거리도 바로 멀어집니다. 트렌드도 내가 시간을 들인 만큼 결과가 따라오는 영역이에요.

단기간에 내게 필요한 트렌드만 찾는다면 짧은 시간 몰입해서 수집하는 것도 가능합니다. 하지만 이런 경우도 평소 트렌드를 트래킹하고 있어야 감을 잡기도 쉽고 빠르게 목표에 다가갈 수 있어요. 즉 특정 목적 때문에 트렌드를 찾으려는 경우도, 일상에서 트렌드 감각을 키우려는 경우도 꾸준히 트래킹하는 것이 무엇보다 중요하죠.

그래서 무엇보다 지속적으로 트렌드를 수집할 수 있는 루틴을 만드는 것이 중요합니다. 일정한 루틴이 있다면 내가 갑자기 바빠져도 소홀해지거나 느슨해지지 않을 수 있거든요.

트렌드를 찾는 루틴은 짧게 가져가는 것이 좋습니다. 요즘 트렌드의 흐름이 빠르다보니 가능한 짧은 텀으로 트렌드를 수집해야 주요 트렌드를 놓치지 않을 수 있더라고요. 가능하다면 하루에 한 번, 적어도 일주일에 한 번 정도는 트렌드를 찾고 정리하는 시간을 두는 것이 좋습니다. 그리고 한 달에 한 번이나 분기에 한 번, 수집한 트렌드 사례들을 살펴보며 인사이트를 정리하면, 트렌드를 온전히 내 것으로 만들 수 있어요.

그렇다고 트렌드를 수집할 때 무작정 모든 채널을 다 살피기란 어려운 일이에요. 그러니 일단 내가 찾는 분야의 트렌드가 자주 올라오고 언급되는 채널을 리스트업해두고 주요 채널 위주로 확인하는 것이 좋아요. 비교적 중요도가 떨어지는 보조 채널은 필요할 때 하루 날 잡고 살펴보는 것으로 충분합니다.

또 하나의 팁은 내가 원하는 트렌드가 배달되도록 알고리즘을 만드는 것입니다. 초반에 시간을 투자해야 하지만 내가 필요한 분야의 콘텐츠를 유튜브, 인스타그램 등에서 자주 검색하고 관련 인플루언서를 팔로우해두면 해당 분야의 최신 트렌드를 받아 보는 SNS를 만들 수 있습니다. 이를 위해서는 트렌드를 찾는 SNS 계정을 따로 만드는 것도 좋아요. 그러면 내가 평소 확인하는 콘텐츠와 섞이지 않고 알고리즘을 유지할 수 있습니다.

이렇게 트렌드를 찾는 작은 루틴을 만들어두면 조금 느

숙하고 소홀해지더라도 트렌드와의 거리를 가깝게 유지할 수 있습니다.

그런데 이렇게 혼자 트렌드를 찾다보면 내가 수집하는 방향이나 생각하는 방향이 맞을까 고민되기도 하고, 혼자서 찾을 수 있는 범위에도 한계가 있다는 걸 느끼게 될 거예요. 트렌드는 점점 더 파편화되고 세분화되고 있어서 한 사람이 모든 트렌드를 알기는 어렵기 때문이죠.

어쩔 수 없이 내가 관심있는 트렌드만 잘 보이고, 관심 없는 분야의 트렌드는 찾는 데 공수가 들죠. 효율적인 트렌드 수집을 위해서는 누군가와 함께하는 것이 좋습니다. 다른 사람과 함께 트렌드를 찾는 것은 더 입체적이고 깊이 있는 인사이트를 도출하는 방법입니다. 다양한 시각을 가진 사람들과 이야기를 나누며 새로운 인사이트를 뽑아낼 수 있기 때문이죠.

이를 위해서 소소한 트렌드 모임에 참여하는 것을 추천합니다. 최근에는 관심 분야에 트렌드 정보를 나누는 카카오톡 오픈채팅 방을 많이 볼 수 있어요. 마케터나 기획자, 출판업계, F&B 업계 사람들이 모인 방들입니다. 이런 커뮤니티에서는 업계에서 관심있게 지켜보는 정보들이 시시각각 오가기도 하고, 트렌드에 대한 가벼운 이야기를 나눌 수도 있습니다.

또 트렌드를 주제로 한 독서 모임이나 마케터 모임에 참여하는 것도 트렌드를 찾는 일을 지속하는 데 큰 도움이 됩니다. 최근에는 오전에 모여 커피를 마시면서 서로의 관심사와 인사이트를 가볍게 나누는 모닝커피클럽 같은 모임도 있는데요. 정기적인 모임에 소속되지 않고 가능할 때 이런 느슨한 모임에 나가 소통하는 것만으로도 다양한 인풋을 얻을 수 있어요.

DO! ③ 일상에서 트렌드 수집하는 법

이번에는 일상에서 취미처럼 가볍게 시작할 수 있는 수집법을 소개할게요. 평소 일상에서 유튜브나 인스타그램, 커뮤니티를 둘러보다가 흥미로운 트렌드를 발견했을 때 일단 킵해두는 방법입니다. 앞서 이야기했듯이 트렌드라는 것은 꾸준히 트래킹하는 것이 중요합니다. 필요할 때만 트렌드를 찾기보다는 이렇게 일상에서 접하는 콘텐츠에서도 자연스럽게 트렌드를 발견하고 수집하는 연습이 필요해요.

이때 활용하는 방법이 트렌드 클리핑입니다. 트렌드 클리핑 단계에서는 이게 트렌드가 맞는지 아닌지를 크게 판단하지 않습니다. ① 내 기준에서 처음 보거나 새로운 현상, ② 이전에도 있었지만 조금 양상이 달라진 현상, ③ 흥미롭거나 재미있어 보이는 현상들을 필터링하지 않고 일단 모두 모읍니다. 지금은 사소해보이는 현상도 나중에는 의미를 가질 수 있기 때문에, 수집 단계에서 판단을 내리기보다는 다양한 채널에서 다양한 사례를 모으는 데 집중합니다.

일단 재미있어 보이는 사례는 모두 킵하는 것이 중요하기 때문에 복잡하지 않고 자신에게 익숙한 방법을 쓰는 게 좋습니다.

앱 내 저장이 불편한 유튜브, 온라인 커뮤니티, 뉴스 기사 등의 사례는 카카오톡 '나에게 보내기'로 링크를 보내 저장해두고, 단기간만 콘텐츠를 볼 수 있는 인스타그램 스토리나 이벤트 게시글 등은 캡쳐해서 보내놓기도 해요.

카카오톡으로 링크를 공유할 때는 이 게시글을 저장한 이유를 잊지 않도록 간단한 메모를 함께 달기도 합니다. 예를 들어 숏폼에서 새롭게 뜨는 인플루언서를 발견했다면, 해당 링크를 카카오톡 '나에게 보내기'로 보낸 뒤에 '요즘 뜨는 숏폼 크리에이터'라고 간단히 메모해두는 거죠. 메모를 할 때 #숏폼, #Z세대, #인플루언서 등 나만의 메모 규칙을 몇 개 정해두는 것도 좋습니다.

저장 기능이 있는 플랫폼이라면 앱 내에 저장해둡니다. 인스타그램은 앱 내 저장 기능을 주로 활용하고요. 페이스북은 내 피드에 비공개로 공유합니다. 쇼핑 플랫폼 같은 경우도 찜, 스크랩 기능을 활용하죠.

인스타그램 앱 내 저장 목록

특히 인스타그램은 메모를 남기기는 어렵지만 저장하기도 편하고 게시물 폴더를 구분할 수 있어서 유용한데요. 폴더를 트렌드 주제나 유형별로 설정해두면 필요할 때 원하는 트렌드를 빠르게 확인할 수 있어 유용합니다.

이 트렌드 클리핑은 트렌드를 빠르고 편하게 수집하기에는 좋지만, 사례가 채널별로 흩어져 있고 한눈에 보기 힘들다는 단점이 있어요. 단기간에 트렌드를 수집하기는 유용하지만 기간이 길어질수록 이전에 수집한 트렌드를 다시 보기 힘들고, 기억에도 오래 남지 않는다는 아쉬움이 있습니다.

단순히 클리핑에 그치기보다는 앞서 설명한 '트렌드 아카이빙 리스트'까지 작성하는 것을 추천해요. 클리핑해둔 사례들을 트렌드 리스트에 주기적으로 옮기면 됩니다.

트렌드를 수집할 때 의식적으로 하는 생각이 있습니다. '현상에 매몰되지 말자'는 겁니다. 사실 트렌드 수집 자체는 생각보다 재미있습니다. 업무 시간에 당당하게 SNS나 커뮤니티 글을 봐도 되고요. 재미있는 트렌드를 다른 사람들보다 빨리 발견하거나, 내가 예측했던 방향으로 트렌드가 흘러가면

성취감도 있죠. 하지만 이렇게 재미만 좇다보면 사례를 수집하는 데 그치는 경우가 있습니다.

우리가 트렌드를 수집하는 이유는 사례 수집이 끝이 아니라 이를 통해 인사이트를 도출하고 잘 활용하기 위해서입니다. 하나의 트렌드 현상도 의미가 있지만, 거기에 그치지 않고 유사한 현상은 없는지 늘 의식적으로 살피고 왜 이런 현상이 발생하는지 원인과 배경도 분석해봅니다.

한 번 수집한 현상이라고 그대로 흘려보내는 것이 아니라 지속적으로 관찰하며 어떤 변화 양상을 띄는지도 함께 살핍니다. 트렌드는 결국 '흐름'이기 때문이에요. 트렌드는 어느 날 갑자기 생겨나는 것이 아닙니다. 모든 트렌드 현상들은 서로 긴밀하게 연결되어 영향을 주고받으며 변화합니다. 꾸준한 트래킹이 필요한 이유죠.

또 어떤 아이템이나 현상이 많은 사람의 공감을 사게 되고 대세로 떠오르는 현상 이면에는 그렇게 된 이유와 배경이 존재합니다. 앞에서도 강조했듯 '이게 요즘 유행한다'는 현상만 알고 넘어간다면, 그 유행이 끝나면 끝입니다. 트렌드가 된 이유와 배경까지 함께 이해해야 어떤 흐름으로 이런 트렌드가 나타났고, 이 흐름이 어떻게 이어질지, 다음에는 어떤 것이 유행할지 예측까지 할 수 있어요.

하나의 현상에 매몰되지 않고 트렌드를 지속적으로 트래킹하면서 트렌드 현상이 발생한 이유나 이어져온 흐름까지 살펴보는 것이 중요합니다.

트렌드 수집을 위한 팁

트렌드 수집이 처음이거나, 전혀 모르는 분야의 트렌드를 찾아야 할 때는 방법을 알아도 어디서부터 어떻게 해야 하는지 막막할 겁니다.

저도 갑자기 새로운 분야의 트렌드를 찾아야 할 때는 마치 이 일을 처음 시작하는 것 같은 기분이 들곤 해요. 계속 트렌드 연구를 하면서 이런 막막함을 이겨내는 나름의 노하우를 만들었는데요. 트렌드를 처음 찾거나, 모르는 분야의 트렌드 찾기에 도전하는 사람들을 위해 첫 단추를 꿸 수 있는 세 가지 팁을 공유하고자 합니다.

팁1. 트렌드 워칭이 처음이라면

→ 정리된 아티클, 도서부터 시작하기!

트렌드를 처음 찾는다면, 인스타그램이나 X(트위터)에 흩어져 있는 날것의 사례부터 찾고 모으는 것이 어렵게 느껴질 겁니다. 이게 트렌드인지 긴가민가해서 저장한 사례들만 수없이 늘어나면 뭐가 중요한지 모르게 되기 때문이에요. 내게 필요한 트렌드가 무엇인지 알 수 없거나 트렌드를 판별하는 기준이 서지 않았을 때는 전문가의 시각으로 분석된 뉴스기사나 아티클, 도서부터 시작하는 것이 도움이 됩니다. 이런 콘텐츠가 트렌드를 구분하는 기준점이 되어주기 때문이죠.

먼저 나의 관심 분야나 내가 찾아야 하는 트렌드 분야와 관련된 아티클이나 도서를 찾아서 읽습니다. 해당 아티클과 도서에는 다양한 사례들과 함께 해당 사례가 트렌드인 이유, 어떤 함의를 가지고 있는지 등이 서술돼 있을 거예요. 이제 이를 기준으로 확장해 가는 것이 필요합니다.

먼저, 소개된 사례들을 좀 더 디테일하게 살펴봅니다. 콘텐츠가 소개되어 있다면 해당 콘텐츠를 찾아서 실제로 보고, 또 장소라면 직접 방문도 해보는 거죠. 아티클이나 도서에 담긴 인사이트도 스스로 생각했을 때 공감이 가는지, 또 다른 특별한 포인트는 없는지 실제로 사례를 경험하면서 분석합니다.

또 소개된 사례들과 비슷한 흐름을 보이는 다른 사례들은 없는지 추가로 살펴보고, 해당 사례가 트렌드인 이유도 나만의 시각을 더해 디깅해봅니다.

이렇게 기준이 되는 아티클이나 도서를 바탕으로 사례도 추가로 찾아보고, 나만의 해석도 더해보면 트렌드를 판별하는 나만의 시각을 잡아갈 수 있어요. 추천하는 아티클은 175페이지에서 확인할 수 있습니다.

팁2. 잘 모르는 분야의 트렌드를 찾을 때
→ 덕후/인플루언서 찾아가기

트렌드 연구를 계속할수록 느끼는 것은, 트렌드는 결국 관심의 싸움이라는 거예요. 해당 분야를 얼마나 좋아하고 관심을 갖느냐에 따라서 정보를 접하는 속도나 밀도가 다르거든요. 개인적으로도 관심있고 좋아하는 분야의 트렌드는 크게 노력하지 않아도 지속적으로 팔로업되고 눈에 띄는 반면, 잘 알지 못하는 분야는 트렌드 사례를 찾고 분석하는 데 한참의 시간을 투자해도 실마리가 잡히지 않는 경우가 많습니다.

트렌드를 찾다보면 잘 모르는 분야의 트렌드를 알아봐야 할 때도 있습니다. 이럴 경우 막막함을 느끼게 되는데요. 저는 이럴 때 '그 분야의 덕후'들을 찾아나섭니다. 예전에는 주변에서 알음알음 찾아 인터뷰하기도 했지만 지금은 조금만 검색해도 유튜브와 인스타그램에서 그 분야를 진심으로 좋아하는 덕후들을 만날 수 있습니다.

예를 들어 뷰티 분야의 트렌드를 찾는다고 하면, 유명한 인플루언서분들을 팔로우하고 최근에 올리는 콘텐츠들을 살펴보아요. 또는 주변에 뷰티를 잘 아는 친구에게 요즘 즐겨보는 계정을 모두 알려달라고 하고, 그 계정들을 그대로 손민수하기도 하죠. 메가 인플루언서가 아닌 팔로우 10만 내외의 인플루언서들도 적극적으로 팔로우하며 광고가 섞이지 않은 진짜 관심사나 트렌드 현상도 살펴봅니다.

그렇게 콘텐츠를 보다보면 공통적으로 이야기하는 흐름이 잡혀요. 신제품 중에서도 추천하는 제품들이 비슷하다거나, 메이크업 방식에서 유사한 모습이 보인다거나, 콘텐츠에서 공통적으로 언급하는 키워드가 눈에 띄는 식이죠. 이런 힌트들을 하나씩 모아가다보면 해당 분야의 전반적인 트렌드 흐름이 읽힙니다.

팁3. 홍보글 거르는 법

우리가 주로 트렌드를 수집하는 온라인 채널이나 미디어 매체의 경우는 광고가 섞여 있는 경우가 많습니다. 그래서 트렌드를 수집할 때 광고를 거를 필요가 있어요. 하지만 기업이나 브랜드가 주도하는 현상도 하나의 트렌드기 때문에, 광고라고 무조건 배제해야 하는 것은 아닙니다. 충분한 소비자 반응이 따라온다면 트렌드가 될 수 있죠. 하지만 소비자의 진짜 목소리는 없고 바이럴 글만 많다면, 어느 정도 기간을 두고 소비자 반응이 실제로 따라오는지 더 지켜보아야 합니다.

그리고 우리가 확실히 걸러야 할 것은 광고임에도 광고가 아닌 것처럼 속이는 게시글이에요. 커뮤니티에도 이런 바이럴 글들이 존재하고, 유튜브나 인스타그램에서도 가짜 인플루언서를 만들어 콘텐츠를 홍보하는 경우가 있습니다. 이런 콘텐츠의 경우는 다른 인플루언서들도 해당 제품을 추천하는지, 다른 채널에서도 유사한 콘텐츠가 보이는지 등을 확인하고 걸러야 해요. 또 의심되는 콘텐츠가 많이 올라오는 계정의 경우는 차단하며 관리하는 것도 하나의 방법입니다.

STEP 4 :
트렌드 다이어리로
인사이트 도출하기

방향 설정 뒤 사례 수집 과정을 거쳤다면, 이제는 내가 수집한 사례들을 종합하여 하나의 트렌드 가설을 세우고, 현상 안에 담긴 의미를 도출합니다.

날것의 사례들을 재조합해서 묶다보면 낱개의 사례로는 발견할 수 없었던 새로운 인사이트나 조금 더 큰 변화의 흐름이 보이기도 합니다. 예를 들면 그냥 요즘 유행하는 재미있는 숏폼 콘텐츠라고만 생각하고 수집한 사례였는데, 모아놓고 보니 전반적인 콘텐츠 소비 형태나 콘텐츠 생태계의 문법이 변화하는 것을 발견하기도 하죠. 파편화된 트렌드 현상들을 분석하여 그 안에 담인 '함의'나 트렌드의 '흐름'을 읽어내면 이를 무궁무진하게 활용할 수 있어요. 이렇게 사례들을 재조합하고 분석하여 도출한 인사이트는 나만의 무기가 됩니다.

그럼 STEP 4에서는 STEP 3에서 수집한 트렌드 사례를 바탕으로 나만의 생각을 정리한 트렌드 다이어리를 작성하면서 인사이트를 도출해볼까요?

DO! ① 트렌드 현상에 담긴 '함의'에 집중하기

인사이트 도출을 위해 가장 먼저 할 일은 트렌드 현상 기저에 깔린 '함의'를 읽어내는 일입니다. 왜 이런 현상이 일어나는지, 이 트렌드를 즐기는 사람들에게는 어떤 니즈나 욕망이 있는지 이유와 원인을 읽어내는 거예요.

＊

현상은 바로 활용하기에는 한계가 있는 경우가 많습니다. 매력적인 트렌드 사례라도 분야가 다르거나 타깃이 다르다면 있는 그대로 적용하기가 힘들죠. 하지만 트렌드에 반응하는 이유와 니즈를 읽어내면 다른 분야에도 얼마든지 적용할 수 있습니다.

실제 실무를 할 때도 트렌드 사례와 현상 속에 있는 '함의'를 읽기 위해 끊임없이 파고드는데요. 트렌드에서 인사이트를 읽어내는 과정을 사례로 소개하고자 합니다.

FAD의 사례로 소개했던 '행운 굿즈' 트렌드를 살펴볼게요. 지속 시간이 길지 않은 FAD의 경우는 가능한 빠르게 적용해야 유효하다고 이야기했는데요. 단순히 아이템이라는 '현상'에만 집중하는 것이 아니라 '트렌드 발생 이유'와 '동인'을 중심으로 접근하면 새로운 인사이트를 읽어낼 수 있어요.

행운 굿즈라는 아이템이 아니라, 이를 선물하는 소비자의 형태와 인식에 집중해서 '선물 형태 및 인식 변화'를 읽어내는 겁니다. 그러기 위해서 행운 굿즈를 어떤 상황에서 주로 주고받고, 선물하는지를 살펴봅니다. 이는 행운 굿즈에 달린 리뷰에서도 포착할 수 있고, 주변에서 행운 굿즈를 구매한 경험이 있는 이들을 찾아 간단한 인터뷰를 통해 알아볼 수도 있습니다.

행운 굿즈를 주로 어떤 상황에 주고받는지 살펴보니 주 소비층인 Z세대는 중요한 시험이나 면접을 앞둔 친구, 감기에 걸려 고생하는 친구, 새로운 도전을 앞둔 친구에게 키링이나 부적을 선물하며 행운을 빌어주고 있었어요. 생일, 기념일 등 특별한 날뿐만 아니라 일상의 소소한 순간 작은 선물을 주고받는다는 선물 형태의 변화를 발견할 수 있습니다.

이렇게 발견한 인사이트는 이제 다양하게 활용할 수 있습니다. 꼭 행운 굿즈가 아니더라도 일상의 소소한 순간에 선물할 수 있는 아이템을 새롭게 기획해볼 수 있고요. 선물을 주고받는 상황 중 하나인 '서로의 건강을 챙기는 상황'에서 힌트를 얻어서 일상에서 가볍게 주고받을 수 있는 소용량 건강기능식품을 기획하고 패키징에 건강을 기원하는 메시지를 담는 식으로 확장해 적용할 수도 있습니다.

DO! ② 인사이트를 담은 <트렌드 다이어리> 작성하기

트렌드의 함의를 읽어내기 위해서는 연습이 필요한데요. 수집한 여러 사례를 엮어서 나만의 인사이트를 담은 트렌드 다이어리를 작성하는 것은 인사이트 도출을 연습할 수 있는 좋은 방법입니다.

트렌드 다이어리를 작성할 때는 먼저 '주제'를 잡아야 합니다. 이를 위해서는 '그룹핑' 작업이 필요하지요. 지금까지 내가 트렌드 아카이빙 리스트에 수집한 사례들을 늘어놓고 공통점이나 유사한 점이 있는지 살펴보는 거예요. 트렌드 발생 원인이나 사람들의 니즈가 비슷한 사례를 함께 묶어봅니다.

예를 들어 팝업스토어 트렌드 사례를 모았으면, 비슷한 참여 프로그램이나 굿즈 등이 있는지 살펴보고 여기서 공통점을 발견해 하나의 주제로 묶습니다. 꼭 하나의 카테고리에만 국한하지 말고 팝업스토어 트렌드와 음주 트렌드 등 서로 다른 분야의 사례를 엮어보는 것도 좋아요.

제가 수집한 트렌드 아카이빙 리스트를 예로 들면 숏폼 콘텐츠를 그룹핑해서 '요즘 숏폼 콘텐츠의 특징'으로 주제를 잡아볼 수도 있고, SNS뿐만 아니라 일상의 모습이나 뉴스 기사 등에서 수집한 사례를 종합하여 '달라진 가족의 모습'이라는 공통점을 발견하고 주제로 잡아볼 수도 있습니다.

반대로 인사이트 도출이나 디깅이 필요한 주제를 먼저 잡고 트렌드 사례를 수집해나가도 좋아요. 팝업스토어 트렌드를 주제로 잡고 이와 관련된 사례를 역으로 모으기도 하는 거죠.

트렌드 다이어리의 주제를 잡았다면, 이제 주제와 관련한 트렌드 사례들을 묶어서 다각도로 살펴봅니다. 사례는 세 가지 이상 묶어보는 것이 좋고요. 다양한 분야와 채널에서 수집한 사례일수록 좋습니다. 비슷한 분야의 사례만 보는 것보다 더 다각적인 인사이트를 도출할 수 있기 때문이에요. 어느 정도 모아놓은 사례가 있더라도, 연관 지어볼 만한 다른 사례가 있는지 더 탐색하면서 풍부하게 채워갑니다.

그리고 이제 사례들을 분석하고 디깅하면서 인사이트를 정리해요. 이 트렌드 현상이 왜 나타났는지 원인과 배경도 생각해보고, 사람들이 이 트렌드에 반응하는 이유도 분석해봅니다. 또 과거와 비교해서 어떤 점들이 달라졌는지, 이 트렌드를 어떻게 활용할 수 있을지, 이 트렌드가 앞으로 어떻게 흘러갈지에 대한 나의 시각과 생각을 담아 정리합니다.

이렇게 온전히 나의 시각으로 분석하고 재해석하는 과정을 거쳐서 나만의 인사이트를 도출합니다. 트렌드를 진짜 내 것으로 소화하는 과정이죠. 이 과정에서 정해진 정답은 없습니다. 이른바 '뇌피셜인가?' 싶은 이야기도 자유롭게 담아보세요.

트렌드 다이어리에 꼭 지켜야 하는 형식이 있는 것은 아닙니다. 형식보다는 인사이트를 도출한다는 것이 중요하기 때문에 나에게 편한 방식으로 자유롭게 작성해도 됩니다. 다만 여러 사례를 정리해야 한다는 점과 인사이트 정리가 필요하다는 점만 염두하면 좋을 것 같아요.

워드, PPT, 노션, 블로그에 작성해보는 것 모두 좋습니다. 글만으로는 감이 안 잡힐 수 있어서 제가 정리하는 양식과 예시로 작성한 다이어리를 공개하겠습니다.

트렌드 다이어리 작성 양식

항목	작성 내용
트렌드 이슈 (주제)	• 트렌드 다이어리 주제를 하나의 문장이나 키워드로 정리 • 트렌드 다이어리를 모두 작성하고 난 뒤, 　핵심 인사이트를 나만의 키워드로 정리해도 좋음
태그	• 트렌드 이슈와 관련있는 사례/키워드 기록 • 주요 내용을 한눈에 파악하기 위함이며 생략 가능
관련 사례	• 트렌드 이슈 관련 주요 사례 내용 정리 • 다양한 분야, 채널에서 수집한 사례는 함께 엮어서 정리할수록 좋음 • 이미지/링크도 함께 정리하면 좋음
인사이트	• 트렌드가 발생한 원인, 배경, 트렌드에 반응하는 이유 • 주목할 점, 과거와 달라진 점, 향후 트렌드 방향 • 트렌드 어떻게 활용할 수 있을지 • 뇌피셜이어도 괜찮음. 나만의 시각/생각을 담아서 정리

달라진 가족의 모습

≡ 태그   가족이벤트증가   워터룸/키즈풀   방계가족   텐포켓   부부힐스   육아대디   밀레니얼부모
알파세대

≡ 관련 사례   ① 가족 이벤트/행사 증가
- 가족을 만들어가는 과정을 기념하거나 이벤트로 만드는 사례가 많아짐
  › 브라이덜샤워 (유행한 지 오래 되었고 많이 자리 잡음)
  › 베이비샤워 (임신한 것을 축하해주는 파티로 요즘 인증도 종종 보이는 것 같음)
  › 젠더리빌파티 (아기 성별을 공개하는 파티. 해외 문화인데 최근 국내로 유입)
  › 삼신상 (아이 건강을 빌어주는 것. 오래된 풍습인데 최근 젊은 부모들 사이에 유행)
  › 만삭사진 (필수 코스로 자리잡은 듯함. 유자녀 대상 조사 결과 X세대 25.9% < 전기M 56.0% < 후기M
  68.6% 경험)
- 이벤트를 위해 맞춤 제품을 만들거나(케이크, 풍선) 파티룸을 빌리는 등 진심으로 준비
- 토퍼, 레터링 케이크, 풍선 등 이벤트 용품도 다양해지고 시장도 커지는 듯

② 가족 모습을 담은 릴스/숏폼 콘텐츠 증가
- 2023년부터 릴스를 중심으로 가족의 모습을 담은 콘텐츠가 급격하게 증가
- 유튜브에도 가족 콘텐츠가 늘었고 인급동에 가는 경우 많음 (해루 등)
- 특히 젊은 부부와 아이의 모습을 담은 콘텐츠가 눈에 띔
- 아빠의 모습이 부각되는 콘텐츠가 많음 → 육아에 적극적으로 참여하는 모습
- 삼촌, 이모와 아이의 교류가 부각된 콘텐츠도 늘어나는 중
  › 엄마부부, 해리포터(맘마카세), 소맥부부 등 인플루언서
  › 육퇴먹방 (아이를 재우고 몰래 야식을 먹는 모습을 담은 콘텐츠)
  › 타요버스를 만들어주는 아빠, 젊은 아빠 잠관수업용 콘텐츠 등
  › 이모가 어린이집 마중왔을 때 반응, 삼촌과 조카의 티키타카

③ 가족 여가 공간 변화 - 워터룸/키즈풀/근교대형카페
- 가족간 함께 시간을 보내는 방식도 달라지고 있음
- 대관하여 프라이빗하게 이용할 수 있는 워터룸/키즈풀 같은 데이유즈 공간 인기
- 공간이 파티룸처럼 꾸며져 있고, 프라이빗하게 이용 가능해서 아이뿐만 아니라 부모도 만족
- 주말 가족끼리 근교 대형카페 가는 경우 증가

≡ 인사이트   1) 달라진 가족의 모습
- 가족 간 정서적 교류가 증가 → 소소한 이벤트를 만들고 주말을 특별하게 보내는 경우 증가
- 아빠의 육아 참여도가 높아짐
- 직계 가족에서 방계가족으로 확대 → 할머니, 할아버지, 고모, 삼촌, 이모 등의 육아 참여 증가
* 육아/아동 제품의 핵심 소비자의 범위가 넓어짐 (육아에 적극적인 아빠, 방계 가족, 텐포켓 등)
*아이뿐만 아니라 부모, 할머니, 할아버지, 삼촌, 이모도 만족 시키는 아이템&공간

2) 가족을 만들어 가는 과정을 특별하게 생각하고 기록하고자 하는 니즈
- 결혼하고 아이를 낳는 것이 당연한 것이 아닌 선택의 영역이 되면서 의미가 특별해지는 것 같음
- 인스타그래머블한 성향 (잘 꾸미고 기록하고자하며 이런 기록을 남기는 것에 만족)
- 가족의 일상 모습을 기록/공유하는 릴스 증가 (짧은 영상을 남기고 기록하는 것에 거리낌 없음)

트렌드 다이어리 예시(노션)

121

트렌드 다이어리 작성 양식

항목	상세 내용
트렌드 이슈 (주제)	
태그	
관련 사례	
인사이트	

트렌드 인사이트를 활용하는 팁

트렌드 사례와 도출한 인사이트를 실제 업무에 어떻게 적용할 수 있을까요?

팁1. 밈을 적용하는 방법

밈은 트렌드 중에서도 가장 빠르게 확산되고 사라지기 때문에 다루기 매우 까다롭습니다. 하지만 그럼에도 적재적소에 밈을 활용하면 해당 밈을 즐기는 사람들에게 공감대를 형성할 수 있고, 또 밈을 빠르게 알고 적용하는 '트렌디'한 이미지를 얻을 수 있죠. 그렇기 때문에 많은 기업과 브랜드에서 SNS 운영에 밈을 활용하는데요. 밈을 활용할 때의 팁과 유의점에 대해서 이야기하겠습니다.

먼저 밈을 활용한다고 무조건 긍정적인 효과를 내는 것은 아닙니다. '밈'은 대부분 온라인 커뮤니티와 젊은층 사이에서 생성되기 때문에 이른바 'B급', '친근한' 이미지를 가지고 있어요. 기업/브랜드나 SNS 채널의 이미지나 주요 소비층이 이와 맞지 않다면 오히려 역효과를 불러올 수 있습니다. 요즘 뜬다는 밈을 사용했지만 SNS 채널 팔로워가 이해를 못하거나, 고급스럽고 전문적인 이미지가 상하는 경우도 있죠. 밈을 활용하여 시너지가 날 수 있는 상황인지를 판단하는 것이 중요합니다.

그 다음으로는 밈을 사용하는 타이밍을 재는 방법인데요. 일단 유행하는 밈을 빠르게 아는 것이 중요하지만 너무 빠르게 적용해도 아는 사람이 많이 없어 애매한 반응만 얻을 수 있어요. 그렇다고 너무 묵혀두다가는 뒷북을 치는 사람이 되고 맙니다. 흔히 공중파 매체에 밈이 노출되면 '밈 장례식'이라고도 하죠. 이렇게 너무 많이 소비된 밈은 아쉽지만 보내주는 것이 좋습니다.

빠르지도 않고 느리지도 않은 적당한 타이밍을 맞추기 위해서는 어떻게 해야할까요? 저의 팁은 유튜브 콘텐츠 제목을 확인하는 겁니다. 밈이 온라인 커뮤니티나 숏폼 콘텐츠, X(트위터) 등에서 처음으로 생성되면 이 중 많은 사람의 공감을 얻은 밈은 다른 채널로 퍼지게 됩니다. 여러 채널의 콘텐츠나 댓글에서 동일한 밈이 보이기 시작하면 어느 정도 대중화되었음을 알 수 있어요.

그리고 한 번 더 1차적인 검증할 수 있는 것이 바로 유튜브 콘텐츠의 제목입니다. 트렌드에 민감한 제작자분들이 이런 밈을 가장 선제적으로 적용하는 경우가 많은데요. 밈이 쓰인 유튜브 콘텐츠의 반응을 통해서 해당 밈에 대한 공감대나 얼마나 동조하고 있는지를 검증하고 활용해볼 수 있어요.

그리고 마지막으로 밈을 활용할 때 유의할 점은 해당 밈이 생긴 배경을 잘 살펴야 한다는 점입니다. 긍정적인 밈도 있지만 종종 누군가를 비하하는 의미를 담고 있다거나, 논란이 있는 사람이 만든 밈 등 긍정적이지 않은 경우도 많습니다. 밈이 어떻게 만들어졌는지 배경을 모르고 썼다가는 기업/브랜드가 논란에 휩싸일 수도 있어요. 또 처음에는 부정적인 이미지가 없었으나 온라인에 향유되면서 의미가 달라지는 경우도 많습니다. 이런 부분에 대해서도 검증한 뒤 활용해야 긍정적인 효과를 낼 수 있습니다.

팁2. 마케팅·브랜딩에 트렌드를 적용하는 방법

마케팅과 브랜딩에 트렌드를 녹여낼 때도 트렌드가 우리의 마케팅과 브랜딩 방향성과 맞는지를 판단하는 것이 우선입니다. 최근에는 트렌드가 더 세분화되고 파편화되고 있는데요. 그렇다보니 대세 트렌드라도 이에 동조하고 공감하는 집단이 매우 좁고 개성이 있는 경우가 많습니다.

트렌드라고 해서 무작정 반영했다가는 주요 타깃층이 공감하지 못하고, 새로운 타깃층의 유입도 원활하지 않은 경우가 많죠. 우선적으로 기업/브랜드의 이미지와 맞는지 마케팅과 브랜딩의 방향성과 맞는지를 생각하고 적용해야 합니다. 트렌드는 하나의 수단이고 이를 활용하기 위해서 명확한 기준을 먼저 세워야 하는 것이죠.

이런 기준을 세웠다면, 빠르게 적용할 수 있는 트렌드와 그렇지 않은 것을 구분해야 합니다. 예를 들자면 요즘 유행하고 있는 아이템이나 굿즈는 가능한 한 빠르게 적용하는 것이 필요합니다. 유행하는 아이템이나 굿즈 등은 짧으면 2~3개월 정도로 유행 주기가 짧기 때문에 빠르게 적용하는 것이 중요하죠.

기획하고 만들 시간이 부족하다면 '컬래버레이션'으로 푸는 방법도 있습니다. 최근 트렌드를 빠르게 따라가고 트렌드를 만들어내는 스몰 브랜드들이 많은데요. 이런 곳과의 적극적인 컬래버레이션을 통해서 트렌드를 빠르게 적용하고 힙한 이미지까지 챙길 수 있어요.

만약 아이템이나 굿즈를 빠르게 적용하는 것이 힘든 상황이라면, 현상보다는 트렌드에 반응하는 이유나 형태, 트렌드가 발생한 원인과 동인에 주목해야 합니다. 트렌드가 발생한 원인과 배경, 어떤 포인트에서 반응하는지 등을 분석하면 우리 제품의 기획이나 마케팅 방향이 소비자들의 니즈에 부합하는지 확인하거나 트렌드에 맞춘 마케팅을 기획하는 데 활용할 수 있습니다.

SPECIAL

03

트렌드 연구원의 트렌드 워칭 꿀팁

TREND?

실무자를 위한 트렌드 검증하는 법

혼자서 사례를 아카이빙하고 분석할 때는 내 나름의 기준만 있어도 괜찮지만, 나의 인사이트를 다른 사람에게 공유하거나 설득하기 위해서는 분명한 근거가 필요합니다. 특히 실무에서는 설득을 위한 근거 자료가 필수죠. 트렌드를 현업에 활용해야 하는 실무자들을 위해 심화 과정으로 트렌드 검증하는 법을 준비했습니다.

직접 조사를 진행하기에는 현실적인 한계가 많기 때문에 실무에서 활용할 수 있는 검증법 위주로 정리해보았어요. 내가 아카이빙한 트렌드가 진짜 트렌드인지 검증하고, 내 인사이트에 설득력을 더하는 방법을 알려줄게요.

1. 트렌드 동조 범위 확인하기

종종 이런 질문을 받곤 합니다. 오랫동안 트렌드를 봐왔으니 이건 트렌드고 이건 트렌드가 아니라는 감이 있을 것 같은데, 어떤 것을 기준으로 구분하냐는 것이죠. 어느 정도 '감'이 있긴 하지만 경험을 통해 쌓인 것이다보니 어떻게 설명해야 할지 고민이 됐습니다.

이제는 이 질문에 대한 답을 '트렌드 동조 범위'를 확인하는 것으로 말할 수 있을 것 같습니다. 앞서 트렌드를 결정하는 것은 지속 시간과 동조 집단이라고 이야기 했는데요. 동조 집단의 규모를 파악하여 이 트렌드가 얼마나 많은 사람에게 공감을 얻고 있는지를 가늠해보는 거죠. 이 방법은 정량적인 근거를 만든다기보다는 트렌드를 수집하거나 정리하는 과정에서 이 트렌드의 영향력이 어느 정도인지 감을 잡고 검증하는 것에 가깝습니다.

트렌드를 검증한다고 하면 트렌드인지 아닌지를 나누는 것이라고 생각할 수 있는데요. 단순히 트렌드다 아니다보다는 더 세밀한 기준을 가지고 봐야 합니다. 지금 트렌드라고 소개할 수 있을지, 아니면 조금 더 변화 양상을 지켜봐야 할지, 특정 세대나 특정 집단에서만 유효한 트렌드인지 아니면 대중적인 트렌드라고 할 수 있는지를 가늠해보는 것이죠. 어떻게 보면 검증보다는 분류에 가깝게 느껴질 것 같습니다.

동조 범위를 확인하는 첫 번째 방법은 이 트렌드가 다양한 채널에서 나타나는지 확인하는 것입니다. 예를 들어 유튜브에서 눈에 띈 밈이 X(트위터), 인스타그램 등 다른 채널에서도 활발하게 쓰이고 있다면 비교적 많은 사람이 동조하고 있는 트렌드임을 확인할 수 있습니다. 반면 한 온라인 커뮤니티에서 사례를 수집했는데, 다른 채널에서는 관련된 사례나 언급이 보이지 않는다면 트렌드를 디벨롭하는 것을 잠시 보류하고 좀 더 지켜봅니다. 이렇게 트렌드 수집 과정에서부터 비교적 다양한 채널에서 언급되는지를 확인하는 것으로 1차적인 검증을 할 수 있죠.

중요한 것은 동조 범위가 무조건 넓은지보다 내가 목표로 한 타깃이 실제로 이 트렌드에 반응하는지 확인하는 것입니다. 최근 트렌드에 반응하는 동조 집단이 점점 더 뾰족해지고 있기 때문에 대중보다도 타깃 집단이 반응하는 트렌드인지 확인하는 것이 중요해요.

예를 들어 최근 대중적인 인지도가 적은 인플루언서를 브랜드의 광고 모델로 삼는 경우가 많은데요. 해당 인플루언서가 브랜드 이미지와 어울리고, 대중들은 몰라도 타깃 고객에게 인지도가 있다면 충분히 시너지가 납니다. 반면 지금 뜨는 인플루언서라는 것만 생각하고 광고 모델로 삼으면 정작 타깃 고객은 해당 인플루언서가 누군지 모를 수 있고, 브랜드 이미지와 어울리지 않아 반감을 사기도 합니다. 즉 내가 진짜 타깃으로 삼은 사람들이 공감하는지 확인하는 것이 중요합니다.

2. 근거를 더할 데이터 활용하기

트렌드를 검증하는 두 번째 방법은 바로 데이터를 활용하는 것입니다. 실제 수치로 증명되는 트렌드는 더 큰 설득력과 힘을 가지죠. 제가 일하고 있는 대학내일20대연구소도 정량/정성 데이터로 트렌드를 검증하기 위해 소비자 조사와 소셜 빅데이터 분석을 지속적으로 진행하고 있습니다. 사례 중심으로 트렌드를 전할 때도 트렌드를 뒷받침해줄 데이터로 근거를 제시하는 것을 중요하게 생각하고 있죠.

데이터라고 하면 보통 설문 조사가 떠오를 거예요. 그러다 보니 '어떻게 조사하고 분석하지?'라며 막막하게 느끼실 것 같은데요. 전문가가 아니어도 쉽게 찾고 활용할 수 있는 다양한 데이터들이 있습니다.

다음 네 가지 유형으로 정리해볼 수 있는데요. 종류별로 어떻게 데이터를 찾고 활용하는지 살펴보겠습니다.

1 >>> 콘텐츠 조회 수, 해시태그 수, 팔로워 수

2 >>> 판매량 추이, 매출 추이

3 >>> 소비자 조사 데이터

4 >>> 빅데이터(검색량, 소셜 언급량 등)

● 콘텐츠 조회 수, 해시태그 수, 팔로워 수 활용하기

가장 간편하게 수집하고 접근할 수 있는 데이터는 바로 콘텐츠 조회 수, 해시태그 수, 팔로워 수 같은 수치입니다. 너무 기본적인 것이라서 크게 신경을 쓰지 않는 경우도 많은데요. 최근 뜨고 있는 콘텐츠나 인플루언서를 설명할 때 콘텐츠 조회 수, 댓글 수, 좋아요 수 등 소비자의 반응과 팔로워

수는 매우 효과적인 근거 자료입니다. 해당 콘텐츠나 인플루언서에 대한 반응과 인기의 정도를 직접적으로 보여주기 때문이에요.

콘텐츠 트렌드 사례를 수집할 때는 팔로워 수, 콘텐츠 조회 수, 댓글 수, 좋아요 수 등 시청자의 반응을 기본적으로 함께 수집합니다. 사례를 소개할 때도 '해당 콘텐츠의 조회 수는 100만 회에 달합니다'라고 조회 수를 설명하며 근거를 더하죠. 또 인스타그램[15]이나 틱톡 채널은 관련 게시글 해시태그 수가 몇 개인지 확인할 수 있는데요. 특정 아이템이나 챌린지의 유행을 설명할 때는 해시태그 수를 근거 데이터로 소개하기도 합니다.

---

[15] 인스타그램은 해시태그 수를 확인할 수 있으나, 2023년 6월부터 해시태그 검색 기능이 약화되어 전체 게시물이 아닌 일부 게시물만 확인할 수 있음.

해외에서 시작된 '슬릭백(Slickback) 챌린지'가 국내에서도 인기를 끌고 있습니다. '한국원탑'이라는 제목의 슬릭백 챌린지 영상은 올라온 지 약 일주일 만에 조회 수 2억 뷰를 넘겼으며, 전 세계 슬릭백 챌린지 영상 중 1위를 기록했습니다. 2024년 1월 기준 슬릭백 챌린지 해시태그 수는 틱톡은 69,400건, 인스타그램은 83,000건에 달할 정도로 인기를 끌었습니다.

단순히 해당 시점의 조회 수를 소개하는 것보다 기간과 함께 조회 수, 해시태그 수 증가량을 이야기하는 것이 효과적입니다. 예를 들어 '10일 만에 조회 수가 100만회를 돌파했다'거나 '지난달 1000개였던 해시태그 인증 수가 현재는 5만 건에 달한다'라고 표현하는 것이죠.

앞서 트렌드 아카이빙에서 설명했듯 사례를 수집할 때의 조회 수, 댓글 수, 좋아요 수, 해시태그 수를 미리 기록해두면 조회 수나 해시태그 수 등 소비자의 반응이 실시간으로 늘어나는 것을 직접 체크하며 파급력을 확인할 수 있습니다.

● 판매량 추이, 매출 추이를 확인하기

기업이나 브랜드에서 발표하는 판매량 추이, 매출 추이 데이터도 좋은 근거 자료입니다. 최근 유행하는 아이템이나 제품에 대한 소비자의 반응을 정량적으로 확인할 수 있는 수단이기 때문이에요. 판매량 추이, 매출 추이 데이터는 뉴스 기사나 보도자료를 통해서 확인할 수 있습니다. 구글이나 네이버 등 포털 사이트에 '〇〇〇 판매량', '〇〇〇 매출'로 검색하면 아래와 같이 기업/브랜드, 유통업계에서 발표한 데이터를 확인할 수 있어요.

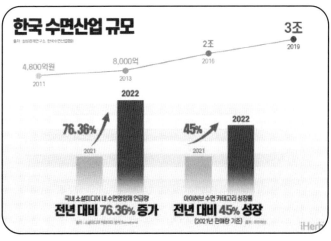

판매량 추이, 매출 추이 예시(출처 아이허브)

예를 들어 '영양제 판매량'으로 검색하면 올리브영, 아이허브 같은 유통 채널이나 영양제 제조사에서 발표한 판매량 수치 데이터를 확인할 수 있습니다. '수면 카테고리 제품 판매가 늘어났다', '다른 영양제 대비 글루타치온의 판매량이 늘었다'와 같이 트렌드를 읽을 수 있는 유의미한 수치들을 만나볼 수도 있죠.

이 데이터를 활용할 때 유의할 점이 있는데요. 데이터의 신뢰성을 판단해봐야 합니다. 이런 판매량 수치를 공유하는 보도자료의 경우 홍보나 마케팅을 위해서인 경우가 많기 때문이에요. 특정 기업이나 브랜드에서 발표한 자료보다는 유통사에서 발표한 자료를 좀 더 많이 활용하는 것이 좋고요. 판매량 데이터 하나만을 보기보다 전반적인 시장 규모를 함께 봅니다. 위의 이미지처럼 아이허브 수면 카테고리 성장률뿐만 아니라 한국 수면 산업 규모 데이터를 함께 제시하면 좀 더 설득력을 높일 수 있어요.

이런 종류의 데이터를 많이 활용하는 것이 '앱' 카테고리입니다. 앱의 경우도 누적 다운로드 수 추이나 매출 추이를 공개하고 발표하는 경우가 많습니다. 예를 들어 숏폼 플랫폼이 정말 대세가 맞는지 궁금하다면 유튜브에서 발표한 쇼츠 이용률이나 틱톡의 누적 다운로드 수 등을 확인하여 검증할 수 있죠. 이외에도 최근 유행하는 게임이나 자기계발 앱 등의 인기도 이런 수치를 통해 확인할 수 있습니다.

앱 관련 데이터를 확인하기 좋은 곳은 '와이즈앱'입니다. 와이즈앱은 앱/리테일 분석 서비스인데요. 필요한 분야의 수치를 검색해볼 수도 있고, '2023년 상반기 한국인이 가장 많이 사용한 모바일 앱', '유튜브 뮤직앱 사용자 수' 등 제공하는 인사이트를 통해서 동향을 확인할 수도 있습니다.

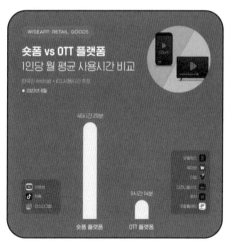

1인당 월 평균 앱 사용 시간(출처 와이즈앱)

● 소비자 조사 데이터 활용하기

그 다음은 가장 친숙한 소비자 조사 데이터입니다. 구조화된 설문지를 통해서 이용 형태나 인식을 확인하는 조사 방법인데요. 소비자들이 얼마나 트렌드에 반응하고 있는지, 인식은 어떤지 직접적으로 확인할 수 있죠. 트렌드를 효과적으로 검증하고 뒷받침하는 근거가 될 수 있습니다.

트렌드와 관련한 소비자 조사 데이터를 제공하는 곳들이 있는데요. 대표적으로 '대학내일20대연구소'를 들 수 있습니다. 대학내일20대연구소는 국내 유일 20대 전문 연구기관으로, 세대와 트렌드 관련 데이터를 확인할 수 있습니다. 여가, 미디어, 관계·커뮤니케이션, 유통, 취업, 워킹 등 MZ세대 라이프스타일과 밀접한 다양한 주제의 데이터를 통해 트렌드와 소비자 인식을 확인할 수 있어요. 소비 데이터는 X세대까지, 가치관 관련 데이터는 86세대까지 조사하여 세대 간 인식을 비교해볼 수 있습니다. 기본적으로 보고서나 데이터 자료는 유료지만, 주요 데이터를 요약한 3분보고서나 아티클, 인포그래픽을 통해서 무료로 데이터를 확인할 수 있습니다.

이외에도 오픈서베이, 엠브레인 트렌드모니터에서 트렌드와 관련한 소비자 조사 데이터를 확인할 수 있고요. DMC 리포트와 메조미디어 리포트를 통해서 업계 트렌드와 전반적인 트렌드 사례, 소비자 조사 데이터를 확인할 수 있습니다. 이런 곳에서 발간한 보고서의 소비자 조사 데이터를 이용해 내가 수집한 트렌드를 검증하고 근거 자료로도 활용할 수 있어요.

소비자 조사 데이터를 확인할 수 있는 곳

플랫폼	확인할 수 있는 데이터/자료
대학내일20대 연구소	• 세대·트렌드 관련 소비자 데이터 및 보고서 제공 • 소셜빅데이터 분석 보고서, 칼럼 등 콘텐츠 확인 가능 • 소비, 금융·재테크, 뷰티, 식생활, 음주, 전자, 가치관 등
오픈서베이 트렌드리포트	• 소비자 조사 결과를 바탕으로 한 트렌드 리포트 제공 • 뷰티, 건강기능식품, 여행, 1인 가구, 육아 트렌드 등
엠브레인 트렌드모니터	• 소비자 조사 결과를 바탕으로 한 데이터 및 보고서 제공 • 인포그래픽 형태로 콘텐츠 확인 가능
DMC 리포트	• 광고/마케팅, 마켓, 소비자 관련 트렌드 보고서 제공
메조미디어 Insight M 자료실	• 디지털/미디어 중심 트렌드 보고서 제공

직접 설문 조사를 진행하는 것도 하나의 방법입니다. 다만 이 경우, 개인이 진행할 때는 통계적으로 유의미한 데이터를 얻거나 분석하는 것은 쉽지 않기 때문에 경향성을 확인하는 정도로 활용하는 것을 추천합니다. 약식으로 간단한 앙케이트를 진행할 때는 정량적으로 검증하기보다는 해당 트렌드에 대해 어떤 인식을 가지고 있는지 주관적인 의견을 살펴보는 것이 더 유의미하기도 합니다.

직접 설문 조사를 한다면 10문항 이내의 간단한 설문을 짜서 주변에 가볍게 돌리는 것을 추천합니다. 구글폼이나 네이버폼 같은 무료 서베이툴을 사용하면 쉽게 만들 수 있어요. 해당 트렌드를 알고 있는지(인지율), 해당 트렌드를 접한 경험이 있는지(경험률), 경험이 있다면 얼마나 자주 즐기고 있는지(경험 빈도)를 기본적으로 파악하고요. 해당 트렌드를 어떻게 즐기고 있는지, 어떻게 생각하는지 등의 인식은 주관식 문항으로 자유롭게 의견을 받으면 좋습니다.

이런 간단한 조사를 통해서 내가 트렌드라고 생각했던 것을 내 주위 사람들도 실제로 공감하고 있는지, 어떤 이유로 즐기는지를 검증하고 확인할 수 있습니다.

● 빅데이터 활용하기

트렌드를 검증하는 또 다른 방법은 빅데이터를 활용하는 겁니다. 포털 검색량이나 SNS상의 키워드 언급량 등 소비자 행동 데이터를 분석하는 것이죠. 트렌드 흐름과 추이, 변화 양상을 포착하기 좋은 데이터입니다. 대표적으로 다음 플랫폼에서 검색량 추이, 키워드 언급량을 분석할 수 있습니다.

빅데이터 플랫폼

플랫폼	확인할 수 있는 데이터/자료
구글 트렌드	・키워드 검색량 추이(하위 지역별 비교, 관련 검색어) ・실시간 인기 급상승 검색어
네이버 데이터랩	・검색어 트렌드 ・쇼핑 인사이트(분야별 클릭량 추이, 인기 검색어)
썸트렌드	・언급량 분석, 연관어 분석, 긍·부정 분석 등

구글 트렌드와 네이버 트렌드는 포털에서 해당 키워드가 얼마나 검색되었는지 검색어 추이를 제공합니다. 이때 실제 검색량을 공개하는 것은 아니고 기간 내 가장 많이 검색된 날을 100으로 환산하여 대략적인 수치를 보여줘요. 정확한 값은 아니지만 해당 키워드가 어떤 시기에 가장 많이 검색되

었는지, 과거에 비해 검색량이 늘어났는지 등의 추이를 확인할 수 있습니다.

또 구글 트렌드와 네이버의 경우 검색어를 여러 개 등록해서 추이를 비교할 수 있는데요. 예를 들어 갓생 트렌드를 분석한다면 '갓생'과 관련된 '오운완', '미라클 모닝' 등의 키워드를 함께 검색해서 어떤 상관 관계를 가지고 있는지 살펴볼 수 있고요. '위스키', '하이볼', '와인' 비슷한 분야의 서로 다른 키워드를 넣고 이 중 어떤 주류가 최근 검색량이 더 많은지도 비교해볼 수 있습니다.

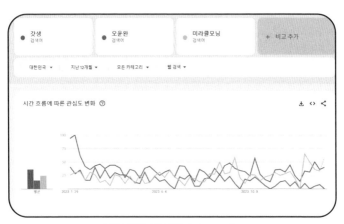

구글 트렌드 사용 예시(출처 구글 트렌드)

네이버에서는 '쇼핑 인사이트'도 제공하는데요. 분야별로 클릭량 추이와 인기 검색어를 확인할 수 있어요. 특히 쇼핑 인사이트의 인기 검색어를 유용하게 활용합니다. 인기 검색어를 보면 요즘 어떤 제품이 인기인지 확인할 수 있어요. 내가 생각한 트렌드가 실제로 인기 검색어 순위에 반영되고 있는지 검증해볼 수 있고, 내가 생각하지 못했던 트렌드나 경향성을 발견할 수도 있습니다.

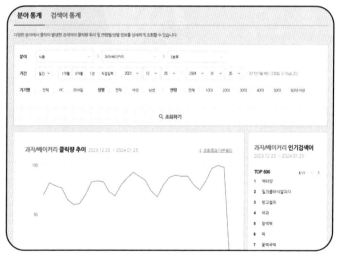

네이버 데이터랩 쇼핑 인사이트 사용 예시(출처 네이버 데이터랩)

썸트렌드의 경우는 검색량이 아닌 디지털상에서 해당 키워드가 얼마나 많이 언급되었는지 보여줍니다. 커뮤니티 게시글, 인스타그램, 블로그, 뉴스, X(트위터) 등의 데이터를 제공하는데요. 블로그와 뉴스 외에는 유료로 결제하면 이용할 수 있어요. 소셜 언급량을 통해서 사람들이 실제로 많이 언급하고 관심을 갖는 트렌드인지를 확인할 수 있죠.

다만 바이럴 광고나 연관 없는 데이터가 섞여 있는 경우가 많다는 점을 유의해야 합니다. 무료로 이용할 경우 이 데이터들을 제외하는 데 한계가 있어 이를 염두해 데이터를 확인해야 하고, 경향성을 확인하는 용도로만 사용하는 것을 추천합니다.

3. 데이터 활용 시 유의해야 할 점

트렌드 검증에 활용할 수 있는 데이터를 전반적으로 살펴보았는데요. 데이터를 활용할 때 유의할 점을 정리해보겠습니다.

첫 번째는 가능한 최신 데이터를 찾고 활용해야 한다는 점입니다. 우리가 살펴보는 것이 트렌드이다보니 지금 시점의 트렌드를 보여주는 데이터인지가 중요해요. 예를 들어 최근 숏폼 콘텐츠가 유행한다는 것을 뒷받침하는 것이 2~3년 전 자료라면 지금의 트렌드를 검증하기 어렵고 신뢰성도 떨어지겠죠. 과거의 데이터를 사용할 때는 비교 용도로만 활용해야 하며, 가능한 최신 데이터로 뒷받침하는 것이 중요합니다.

두 번째는 신뢰할 수 있는 데이터인지를 확인하는 거예요. 검증된 기관에서 제공하는 데이터인지를 살펴야 하고, 또 광고가 섞인 데이터는 아닌지도 살펴봐야 합니다. 앞서 이야기한 대로 광고를 목적으로 만들어지거나 강조된 데이터도 있기 때문에 이 부분을 잘 판단해서 활용해야 해요. 또 빅데이터의 경우도 바이럴 게시글을 완벽히 거르지 못하기 때문에 이 점을 유의하여 살펴야 합니다.

세 번째는 출처를 명확하게 밝혀야 한다는 점입니다. 이것은 데이터를 근거 자료로 활용할 때 중요한 부분인데요. 아무리 좋은 데이터라고 해도 활용 시 출처를 밝히지 않으면 데이터의 신뢰성이 낮아질 수밖에 없습니다. 소비자 조사의 경우 조사 대상, 조사 기간, 조사 기관 등을 밝히는 것이 좋고 빅데이터의 경우는 어떤 키워드로 검색했는지, 분석 대상 기간은 얼마나 되는지, 어떤 플랫폼을 활용했는지 등을 적어주는 것이 필요합니다.

● 트렌드의 원인·배경으로 뒷받침하기

앞서 소개한 것처럼 데이터는 트렌드에 근거를 더해주는 매우 좋은 자료인데요. 모든 트렌드를 데이터로 검증할 수 있는 것은 아닙니다. 어느 정도 대중적인 트렌드로 올라온 현상이라면 데이터로 경험률이나 인식을 확인하는 것이 가능하나, 이제 막 새롭게 나타난 현상은 정량적인 데이터로는 확인이 어려울 수 있어요.

그래서 트렌드를 검증할 때 데이터에만 의존하기보다 다양한 시각을 가진 팀원들과 토의하거나 실제 해당 트렌드를 즐기는 사람들을 대상으로 정성적 검증을 하는 등 종합적으로 고려하여 판단합니다. 또 트렌드의 발생 원인과 배경을 분석하여 근거로 제시하기도 합니다.

트렌드의 배경과 원인으로 주로 STEPPER를 살펴봅니다.

첫번째 S는 사회적인 요소Social를 의미합니다. 문화, 역사, 교육 등 사회적으로 우리가 경험하는 것들에서 트렌드 현상에 영향을 미친 것이 있는지를 보는 것이고요. T는 기술적 요인 Technology, E는 기후나 지형 등 환경적 요인Environment, P는 인구수, 인구 분포, 고용, 출생률 등 인구학적 요인People을 의미하죠. 또 다른 P는 정치적 요인Politics, E는 경제적 요인Economy, R은 자원적 요인Resource을 의미합니다.

우리가 발견한 트렌드 현상에 영향을 미친 사회, 정치, 기술적 배경이 있는지 살펴보는 거예요. 이런 사회적 변화와 기술적 변화의 흐름 속에서 현재와 같은 트렌드 현상이 발생했다는 것을 정의하여 보여주는 것이죠. 이렇게 트렌드의 발생 원인과 배경을 찾으면 정량적인 근거를 뒷받침하기도 수월해집니다.

이제 막 발생한 트렌드 현상은 정량적인 데이터를 확인하기 어렵지만, 트렌드의 발생 원인과 배경 요소들은 비교적 큰 사회, 기술, 경제적 변화와 연결되기 때문에 관련 데이터를 찾기가 쉬워요.

예를 들어 함께 배달을 시키고 각자 나눠 가지는 '배달팟'

을 트렌드로 소개한다고 가정해보겠습니다. 배달팟 경험률을 데이터로 활용할 수는 없지만, 1인 가구가 늘어나고 있다는 데이터나 물가 상승률을 보여주는 데이터를 활용하여 뒷받침할 수 있는 것이죠.

트렌드 워칭에 꼭 필요한
온라인·미디어 채널 특성 완벽 정리

앞서 STEP 2에서 너무 길어져 미처 다 전하지 못했던 온라인·미디어 채널 특성 정보입니다. STEP 2의 정보만으로 아쉬우셨다면, 이 파트가 해소에 도움을 줄 거예요.

트렌드를 수집하기에 앞서 트렌드가 만들어지는 채널의 특성을 이해하는 것이 중요합니다. 특성을 알아야 내가 찾고자 하는 트렌드가 있는 채널로 찾아갈 수 있죠. 너무나도 다양한 채널이 있고, 각 채널을 활용하는 방법도 다르기 때문에 한번에 정리했습니다. 채널의 특징과 생태계가 궁금할 때, 각 채널을 어떻게 활용하면 좋을지 궁금할 때 쏙쏙 골라 활용해주세요.

● 숏폼 플랫폼 : 유튜브 쇼츠, 인스타그램 릴스, 틱톡

요즘 트렌드를 찾을 때 가장 주목해야 하는 것이 바로 숏폼 콘텐츠 플랫폼입니다. 숏폼 플랫폼은 2021년 유튜브 쇼츠와 인스타그램 릴스가 론칭하면서 영향력이 커지기 시작했는데요. 3년도 안 되어 Z세대(91.7%)는 물론 밀레니얼 세대(후기 87.1%, 전기 82.7%)와 X세대(81.6%)도 적극적으로 이용하는 플랫폼이 되었습니다[16].

특히 주목해야 할 점은 최근 유튜브 쇼츠, 인스타그램 릴스, 틱톡을 통해 트렌드가 만들어지고 확산하는 경우가 많다는 것입니다. 숏폼 플랫폼에서 이어찍기(틱톡), 리믹스(릴스)나 챌린지 문화가 활발하고, 유저층이 소통과 콘텐츠 공유에 적극적이라 트렌드가 빠르게 확산하는 생태계를 가지고 있기 때문이죠. 트렌드를 적극적으로 만들고 확산시키는 1020세대가 핵심 이용층이기도 하고요.

또 숏폼 플랫폼이 대중화되고 일상을 기록하는 공간으로 자리잡으며, 2023년부터는 숏로그, N일차 콘텐츠 등 개인의

---

[16] <[데이터] 미디어·콘텐츠·플랫폼>, 대학내일20대연구소, 2024.03.21.

일상을 담은 콘텐츠가 늘고 있는데요. 이를 통해 1020세대의 일상과 관심사를 있는 그대로 보면서 트렌드를 실시간으로 포착할 수 있습니다.

숏폼 플랫폼마다 생태계가 다르다는 점에도 주목해야 합니다. 주 이용층과 주 소비 콘텐츠가 다르기 때문에 이 점을 이해하고 내가 찾는 트렌드가 있는 곳으로 찾아가야 하죠.

① 유튜브 쇼츠

먼저 유튜브 쇼츠는 유튜브에 속한 만큼 이용층이 비교적 대중적입니다. 마이너한 주제보다는 운동, 패션, 유머 등 대중적인 콘텐츠가 주로 업로드되고 소비되죠. 일반인이 찍어 올리는 영상도 있지만 크리에이터가 제작한 비교적 퀄리티 높은 영상이 많이 업로드된다는 점도 특징입니다. 빵먹다살찐떡, 닛몰캐쉬, 사내뷰공업, 뚝딱이형 등 숏폼 콘텐츠를 통해서 유명해진 크리에이터도 많습니다.

또 유튜브 영상을 짧게 편집해 업로드한 클립 영상이 많다는 점도 특징입니다. 숏폼 콘텐츠를 홍보 콘텐츠로 활용하기 때문이죠. 유튜브나 영화, 드라마의 하이라이트를 편집해서 담은 콘텐츠들이 주로 소비되며, 원본 콘텐츠로의 유입을 돕기도 합니다. 숏폼 콘텐츠의 파급력이 점차 높아지면서 정보 전달 콘텐츠, 일상을 기록한 콘텐츠처럼 소비되는 콘텐츠의 주제도 다양해지고 있습니다.

② 인스타그램 릴스

인스타그램 릴스도 쇼츠와 마찬가지로 릴스만의 특징이 있습니다. 인스타그램의 영향을 받아서 인스타그래머블한 감성 콘텐츠가 많은 편이라 아름다운 여행지의 모습을 담은 콘텐츠나 예쁜 숙소/카페 공간을 담은 콘텐츠, 먹음직스러운 음식을 담은 맛집/푸드 콘텐츠, 예쁘게 플레이팅 된 요리/베이킹 콘텐츠가 많습니다.

쇼츠가 크리에이터 위주로 영상이 올라온다면, 릴스에서는 일반인이 찍어 올린 일상을 더 많이 접할 수 있습니다. 인스타그램이 일상을 공유하는 플랫폼이다보니 더 편히 올리기 때문입니다. 인스타그램 스토리에 올렸던 영상의 반응이 좋으면 릴스로 올리기도 합니다.

여행지에서 신나게 노는 모습이나 웃긴 에피소드, 자연

스러운 커플, 친구의 일상을 담은 콘텐츠가 릴스에서 인기인 데요. 특히 주목할 점은 부부, 자매, 부모님, 혹은 아이와 함께한 모습을 담은 가족 릴스가 많다는 점입니다. 이런 릴스를 통해서 달라지는 가족과 관계의 모습을 살펴볼 수 있습니다.

③ 틱톡

틱톡은 앞서 소개한 쇼츠나 릴스처럼 대중적이기보다는 특정 연령층이나 특정 관심사를 가진 사람들이 모인 채널입니다. 같은 관심사를 가진 사람끼리 활발하게 소통하다보니 마이크로 트렌드가 빠르게 생성되고 확산됩니다. 체감상 트렌드가 틱톡에서 처음 시작되어 유튜브 쇼츠나 릴스로 확산하여 대중화되는 경우가 많은 편입니다.

주목할 만한 점은 10대의 이용률이 특히 높다는 점입니다. 10대(15~18세)가 최근 한 달 내 틱톡을 이용한 비율은 30.9%로, 전체(15~53세) 이용률인 17.8%보다 13%p가량 높습니다[17]. 틱톡에는 10대가 직접 만들고 올리는 콘텐츠가 많아 그들의 요즘 일상이나 관심사, 유행하는 아이템, 인식들을 엿볼 수

---

[17] <[데이터플러스] 미디어·콘텐츠·플랫폼>, 대학내일20대연구소, 2024.03.21.

있습니다.

　최근 잘파세대라는 키워드까지 등장할 만큼 Z세대의 뒤를 잇는 알파세대에 대한 주목도가 높아지고 있는데요. 알파세대의 트렌드가 궁금하다면 틱톡에서 이들이 만들고 노는 콘텐츠를 확인할 수 있습니다. 진짜 알파세대의 일상과 모습이 담겨 있기 때문이에요.

　틱톡은 음악과 엔터테인먼트 쪽의 영향력이 유독 큰 채널이기도 합니다. 음원을 기반으로 한 댄스 챌린지의 경우 대부분 틱톡에서 시작해 다른 채널로 확산됩니다. 틱톡 챌린지를 통해 인기를 끈 음원이 실제 음악 차트에서 높은 순위를 기록하는 경우도 많고요. 틱톡의 독특한 문화가 음원의 인기에 영향을 미치기도 합니다. 대표적인 것이 원곡 음원을 130~200% 가량 빠르게 배속하여 새로운 느낌을 주는 스페드업(Sped-up) 문화인데요. 이를 통해 과거 음원이 재해석되어 인기를 끌기도 합니다.

　또 틱톡은 글로벌 트렌드가 유입되는 창구 역할을 합니다. 한국에는 비교적 틱톡의 유저층이 넓지 않지만, 미국이나 중국, 일본 등 해외에서는 대중적인 플랫폼 중 하나이기 때문입니다. 해외에서 유행하는 제품, 화장법, 레시피 등이 유입되기도 하고 #조용한사직(Quiet Quitting)[16], #럭키걸신드롬(Lucky Girl Syndrome)[19]과 같이 해외의 가치관이 소개되어 영향을 미치기도 합니다.

● 라이브 방송 플랫폼 : 네이버 치지직, 아프리카TV, 유튜브 라이브 등

게임, 스포츠, 먹방, 재테크 등 특정 주제를 기반으로 하며, 스트리머와 시청자들의 소통이 활발한 라이브 방송 플랫폼도 다양한 마이크로 트렌드가 만들어지는 창구입니다. 스트리머와 시청자들의 티키타카가 이루어지는 라이브 방송에서는 밈이 활발히 만들어지는데요. Z세대 사이에서 유행하는 신조어와 밈의 유래를 찾아보면 라이브 방송에서 시작된 경우가 많습니다. 조금 오래되긴 했지만 침착맨의 '오히려 좋아'가 대표적이죠.

---

[18] 실제로 퇴사하지는 않지만, 회사 생활에서 자신에게 정해진 시간 동안 책임 범위만큼의 업무만 하는 것.
[19] 본인에게 항상 긍정적이고 좋은 일만 있을 거라고 생각하며 긍정적인 삶의 태도를 유지하는 것.

라이브 방송은 보통 2~3시간 넘게 긴 시간 동안 진행되는데요. 긴 시간 집중해서 보기보다는 일과를 하면서 틀어두고 내가 시청하고 싶을 때만 시청하며 소비합니다.

최근에는 이런 느슨함이 요즘 시대에 통하는 콘텐츠 문법으로 여겨지고 있습니다. 압축적인 재미를 주는 예능 방송을 만들던 나영석 PD도 이를 차용해서 새로운 시도를 하고 있죠. 전반적으로 라이브 방송처럼 러닝타임이 길고 느슨한 콘텐츠가 늘어나고 있다는 점도 주목할 만한 변화입니다.

또 2024년 2월 트위치가 한국 서버를 종료하면서 라이브 방송 플랫폼의 지각 변동이 있었는데요. 각 플랫폼에서 어떤 생태계가 만들어지고 변화할지 지켜볼 필요가 있습니다.

● 유튜브(Youtube)

2017년부터 빠르게 성장한 유튜브는 이제 대중적인 플랫폼으로 자리잡았습니다. 남녀노소할 것 없이 전 세대가 적극적으로 이용하고요. 푸드, 패션, 뷰티, 가전, 육아, 스포츠, 자동차, 아이돌, 과학, 여행 등 다양한 분야의 정보와 트렌드를 접할 수 있습니다.

대중적 플랫폼인 유튜브에서는 트렌드 상류에서 유입된

트렌드들이 다양한 연령대와 특성을 가진 사람들에게 향유되며 파급력을 가지고 확산합니다. 온라인 커뮤니티, X(트위터) 등의 채널에서 소수가 활용하던 밈이 유튜브에 소개되며 유행어가 되기도 하고요. 유튜브에서 인기를 끈 인플루언서들이 TV에 출연하는 경우도 많습니다. 유튜브에서 밈이나 트렌드가 소비되는 것을 보면서 대중적으로 확산할 수 있을지를 가늠해보기도 하죠.

초기에는 일반인이나 인플루언서 중심의 영상이 대부분이었지만 지금은 미디어사나 기업들도 많이 유입되어, 소비자가 이끌어가는 트렌드와 기업/브랜드가 이끌어가는 트렌드를 균형 있게 확인할 수 있습니다. 최근에는 스튜디오 와플, 뜬뜬과 같은 채널에서 만들어내는 콘텐츠가 TV 예능이 차지하고 있던 밥 친구 자리를 대체하고 있기도 하죠.

또 알고리즘을 통해 개인의 관심사에 최적화된 콘텐츠가 공유되기도 하고, 동시에 인급동(인기 급상승 동영상) 탭을 통해 지금 유튜브를 이용하는 사용자들에게 가장 인기 있고 먹히는 콘텐츠가 무엇인지도 확인할 수 있습니다. 개인 관심사 기반이다보니 인급동에도 누구나 알고 있는 콘텐츠보다는 미처 몰랐거나 관심이 없었던 분야의 콘텐츠가 올라오는데요. 이를 통해 알고리즘에 갇혀 있던 시야를 넓힐 수 있습니다.

즉 유튜브는 내가 원하는 모든 분야의 정보나 트렌드를 살펴볼 수 있고 마이너한 것부터 메이저, 소비자부터 기업/브랜드의 트렌드까지도 확인 가능한 채널이라고 할 수 있습니다. 그래서 트렌드 조사를 할 때 유튜브는 빠지지 않는 메인 채널입니다.

이런 유튜브를 통해서 트렌드를 탐색할 때는 최적화된 '알고리즘'을 만들어두는 것이 유용합니다. 알고리즘을 잘 만들어두면 유튜브에서 알아서 홈 화면에 요즘 유행하는 영상들을 배송해주기 때문이죠. 전반적인 트렌드를 수집한다고 하면 계정을 분리할 필요는 없지만, 만약 특정 분야의 트렌드만 알아봐야 한다거나, 일상용으로 보는 계정과 트렌드를 찾기 위한 용도로 보는 계정을 나누고 싶다면 트렌드를 찾기 위한 새로운 계정을 만드는 것도 좋습니다.

● OTT 플랫폼 : 넷플릭스, 디즈니 플러스, 왓챠, 티빙, 웨이브 등

최근 이슈가 되고 트렌드로 떠오르는 드라마나 예능 콘텐츠를 보면 TV보다는 OTT 플랫폼의 오리지널 콘텐츠인 경우가 많습니다. OTT 플랫폼이 주 콘텐츠 소비 채널로 자리잡고, TV 방송보다 제약이 적어 다양한 시도와 변화를 줄 수 있기 때문이죠.

특히 넷플릭스의 영향력이 큰데요. 넷플릭스 오리지널 콘텐츠의 영향을 받아, TV 드라마도 길이가 다소 짧아지거나 예능에서도 이전과 달리 음성 자막 느낌의 깔끔한 자막이 사용되기도 합니다. 콘텐츠의 문법에 영향을 주고 있는 것이죠. 또 OTT 플랫폼의 오리지널 콘텐츠에 대한 시청자들의 반응 등을 통해서 새로운 콘텐츠 소비 트렌드를 읽어낼 수 있기도 합니다.

● TV

TV는 가장 대중적인 채널입니다. 마이크로 트렌드가 각광받는 시대, TV와 같은 대중매체는 트렌드의 종착지로 여겨지기도 합니다. 'TV에 소개된 밈이나 신조어는 수명을 다한

거다'라는 이야기가 있을 정도죠. 하지만 모든 트렌드가 그런 것은 아닙니다. 소비 주기가 짧은 밈이나 유행어는 TV에 소개된 뒤 영향력이 약해지기도 하지만, TV를 통해 소개된 트렌드가 더 많은 사람이 즐기는 메이저 트렌드가 되는 경우도 있습니다.

또 최근에는 온라인 매체와 대중매체 간의 간극이 점차 줄면서 트렌드가 TV에 유입되는 속도가 점차 빨라지고 있고요. 여전히 유행하는 드라마, 예능 등의 콘텐츠를 통해서 대중들의 인식이나 관심사를 파악할 수 있다는 점에서 유효한 채널입니다. 대중의 인식과 트렌드를 확인하기 좋은 채널로 생각하면 좋을 것 같습니다.

● X(트위터)

X(이하 트위터)는 색깔이 확실한 SNS입니다. 트위터는 특정 연령층이나 특정 관심사를 가진 사람들이 적극적으로 사용하는 SNS입니다. 그렇다보니 트친소(트위터 친구를 소개합니다)[20]나 자신의 트윗이 많이 리트윗되었을 때, 자신이 좋아하는 아이

---

[20] 트위터에서 마음이나 관심사가 맞는 친구를 구할 때 스스로를 소개하는 글을 올리는 것. 간단한 소개글이나 사진을 #트친소 해시태그와 함께 올림.

돌이나 캐릭터를 영업하는 RT 영업이 존재하는 등 트위터 특유의 독특한 문화를 가지고 있습니다.

같은 관심사를 가진 사람들끼리 교류하며 활발하게 소통이 이루어지다보니 대중적인 플랫폼보다 마이크로 트렌드가 더 빠르게 생성되고 확산됩니다. 동조 집단은 크지 않지만 트렌드가 만들어지고 확산하는 속도는 빠른 채널이죠. 이런 점에서는 매력적이지만 진입 장벽이 있기 때문에, 트위터 특유의 문화나 특성을 어느 정도 이해하고 탐색하는 것이 좋습니다.

트위터는 다른 세대에 비해 Z세대(15~27세)가 많이 이용하는 편입니다. Z세대가 최근 한 달 내 트위터를 이용한 비율은 31.6%로, 전체(15~53세) 이용률 16.3%보다 15.3%p가량 높습니다[21]. 또 K-pop, 애니메이션, 영화, 스포츠 분야의 팬덤층이 많고, 비건이나 ESG 같이 사회적 이슈에 관심이 높은 소비자들이 많은 편입니다. 이런 분야의 트렌드는 다른 SNS보다 트위터에서 빠르게 접할 수 있습니다.

---

[21] <[데이터플러스] 미디어·콘텐츠·플랫폼>, 대학내일20대연구소, 2024.03.21.

그리고 트위터는 유저들 사이에서 '내가 얼마나 이상한지 보여주는' 채널로도 인식되고 있는데요. 그래서인지 트위터에서는 밈이 아주 빠르게 생성되고 확산합니다. 하루만 흐름을 놓쳐도 따라가기 어려울 정도예요. 트위터에서 만들어진 밈은 다른 채널로도 확산하는 경우가 많은데요. Z세대 사이에서 인기인 신조어나 밈을 빠르게 확인하고 싶다면 트위터를 살펴보는 것이 유용합니다.

또 트위터는 '실시간 트렌드'를 통해서 지금 트위터 유저들 사이에서 이슈가 되는 것이 무엇인지 한눈에 확인할 수 있습니다. 보통 아이돌의 소식이나 사회적 이슈, 트위터 상에서 유행하고 있는 밈과 놀이가 주로 올라옵니다. 해당 해시태그로 현재 몇 건의 게시글이 업로드됐는지도 함께 볼 수 있어 이슈의 영향력도 확인할 수 있습니다.

● 핀터레스트(Pinterest)

다소 생소할 수 있는 핀터레스트도 마이크로 트렌드 수집에 유용한 채널입니다. 핀터레스트는 이용자들이 인스타그램, X(트위터), 블로그 등 여러 온라인 채널에서 자신의 취향인 이미지를 스크랩해 공유하는 SNS인데요. 요즘의 취향이나 감성이 담긴 힙하고 감각적인 이미지들을 쉽게 모아 볼 수 있어요. 특히 Z세대가 핀터레스트를 적극적으로 활용하고 있는데요. 요즘 유행하는 룩이나 패션 스타일, 힙한 인테리어와 소품, 비주얼이 감각적인 음식이나 디저트, 프로필이나 배경화면에 활용하기 좋은 감성 이미지들을 수집하고 레퍼런스로 활용합니다.

핀터레스트는 특히 패션, 뷰티, 인테리어, 굿즈 등 비주얼적인 트렌드 레퍼런스를 수집하기 좋은 채널입니다. Y2K, 빈티지, 페어리 등 요즘 취향이나 감성이 담긴 이미지를 통해 Z세대 사이에서 유행하는 무드나 코드가 무엇인지도 알 수 있죠. 또 글로벌 플랫폼이라 해외의 유행과 트렌드를 빠르게 접할 수 있다는 점도 장점입니다. 그래서 Z세대를 타깃으로 한 마케터, 기획자분들이 핀터레스트를 영감 창고로 활용하는 경우가 늘고 있습니다.

● 인스타그램(Instagram)
인스타그램도 유튜브만큼 많은 사람들이 사용하는 주요

SNS 채널입니다. 대학내일20대연구소가 전국 만 15~53세 남녀를 대상으로 최근 한 달 내 이용한 SNS를 조사한 결과, 인스타그램(62.8%)이 1위로 나타났습니다[22]. 성별과 연령별로 살펴보았을 때도, 모든 성별과 연령에서 인스타그램이 1위였습니다[23]. 남녀노소를 불문하고 많이 사용하는 SNS 플랫폼인 것이죠. 유튜브와 마찬가지로 여행, 푸드, 패션, 반려동물 등 다양한 주제의 콘텐츠가 업로드되고, 소비자와 인플루언서는 물론 기업/브랜드 계정의 콘텐츠도 확인할 수 있습니다.

인스타그램은 한 플랫폼 안에도 피드, 스토리, DM, 릴스, 공지 채널 등 다양한 유형의 콘텐츠가 있고, 각기 다른 사용 형태를 가지고 있는데요. 각 콘텐츠마다 소비하는 방식이 다르고 이것이 소비자의 인식이나 트렌드에도 영향을 미치고 있습니다.

예를 들어 24시간이 지나면 사라지는 인스타그램 스토리가 생긴 뒤 피드보다는 스토리가 메인이 되었는데요. 피드에는 정제된 콘텐츠를 올려야 했지만, 스토리는 어차피 사라지

---

[22] <[데이터플러스] 미디어·콘텐츠·플랫폼>, 대학내일20대연구소, 2024.03.21.
[23] 단, 본 조사 결과에는 유튜브가 제외되어 있습니다.

니 실시간으로 순간을 올리는 경우가 많습니다. 그러면서 꾸미지 않은 날것의 모습을 담으려는 니즈가 점점 늘어나 다른 콘텐츠에서도 이런 모습이 포착되거나 포토덤프[24] 문화가 생기기도 합니다. 이처럼 SNS 이용 방식이 어떤 영향을 미치고 변화를 만드는지도 읽을 수 있습니다.

또 인스타그램은 '저장' 기능이 매우 잘 되어 있기 때문에 눈에 띄는 트렌드 사례를 그때 그때 클리핑하기가 용이합니다. 저장 탭에서 마음대로 컬렉션을 만들 수 있는데요. 내가 주로 수집하는 트렌드 유형별로 컬렉션을 구분해두면 나중에 관리하기도 용이합니다. 저는 아이템에는 처음 보는 굿즈나 제품 등을 모으고, 뜨는 인플루언서·계정에는 지켜볼만한 콘텐츠를 만드는 계정들을 저장해놓습니다. 또 밈·챌린지도 열심히 모으죠. 이렇게 모아둔 콘텐츠들은 나중에 트렌드 사례가 필요할 때 큰 도움이 됩니다.

---

[24] 공들여 완성한 인생샷이 아닌 날것의 B컷 사진을 무더기로 올리는 것.

● 페이스북(Facebook)

한때 페이스북은 트렌드를 수집하는 핵심 채널이었으나, 지금은 트렌드를 살펴보기 어려워졌습니다. 페이스북 유저들이 올리는 글보다는 광고 수익을 얻기 위한 링크 게시글이 대부분이기 때문입니다. 관심을 끌만한 온라인 커뮤니티나 유튜브의 게시글을 짜깁기해서 올리는데, 광고 수익만을 위한 게시글이라 그 퀄리티도 매우 낮습니다.

이 외에는 기업 대표나 교수님 등 전문가가 자신의 인사이트를 올리는 경우가 있는데요. 관심 있는 분야의 전문가를 팔로우하고 의견을 받아보는 것 외에는 트렌드가 직접 발생하는 채널을 찾아가는 것을 추천합니다.

● 스레드(Threads)

메타에서 2023년 7월 론칭한 스레드도 지켜볼 만한 SNS입니다. 새로 론칭한 이후 저도 계속 트래킹하면서 살펴보고 있는데요. 아직은 뚜렷한 이용자 특성이나 콘텐츠 특성이 자리 잡히지는 않은 것 같습니다.

최근 두드러지는 모습이 있다면 자신의 과거 썰을 푸는

콘텐츠가 늘고 있다는 점입니다. 30대 이상 이용자층이 자신이 과거에 겪었던 썰들을 풀며 소통하는 모습이 나타나 지켜보고 있습니다.

또 인스타그램에는 정제된 글만 올리던 인플루언서들이 스레드에서 자신의 생각을 좀 더 편히 공유하고, 텍스트 기반으로 소통하던 사람들이 자신의 기록을 쌓는 채널로 스레드를 이용하기도 하는데요. 아직 플랫폼의 미래를 예측할 수는 없지만 인스타그램과 X(트위터) 사이 그 어딘가에서 스레드가 역할을 해주기를 기대하고 있습니다.

이처럼 SNS는 각각 저마다의 특색을 가지고 있습니다. 보통 대중적인 채널인 유튜브와 인스타그램을 주 탐색 채널로 하고, 주로 탐색하는 트렌드의 주제나 연령층에 따라서 X(트위터)나 틱톡을 보조 채널로 활용하며 트렌드를 탐색합니다. 각 채널별로 콘텐츠 주제와 특성, 주 사용 연령층이 다르기 때문에 내가 필요한 트렌드에 따라 수집 채널을 선정하는 것이 중요합니다.

● 채팅형 커뮤니티(카카오톡 오픈채팅, 디스코드 커뮤니티)

이전에 온라인 커뮤니티라고 하면 디시인사이드나 더쿠, 에브리타임, 블라인드 같이 자체 앱이나 웹사이트를 가진 커뮤니티, 네이버나 다음 카페 등을 기반으로 한 커뮤니티를 먼저 떠올렸는데요. 최근에는 온라인 커뮤니티의 모습도 다양해지고 있습니다.

보다 세분화된 관심사와 목적을 기반으로 유연하게 소통하려는 니즈가 늘면서 카카오톡의 오픈채팅처럼 채팅을 기반으로 한 커뮤니티나, 음성 소통을 기반으로 하는 디스코드 커뮤니티 같은 '채팅형 커뮤니티'가 늘어나고 있고요. 최근에는 커머스나 버티컬 플랫폼도 커뮤니티를 만드는 경우가 많습니다. 무신사의 패션 커뮤니티, 당근마켓의 동네생활, 마켓컬리 컬리로그 등이 대표적이죠.

사실 이런 변화는 트렌드를 찾기에는 좋지 않습니다. 트렌드를 찾기 위해서 작은 커뮤니티들을 모두 직접 찾아가야 하기 때문이죠. 특히 요즘 늘어나고 있는 채팅방 형식의 커뮤니티는 검색에 잡히지 않다보니, 직접 찾아가지 않는 이상 트렌드를 전혀 확인할 수 없습니다. 하지만 한편으로는 특정 관심사를 중심으로 모인 고관여 소비자들이 양질의 정보와 트렌드를 만들어낸다는 점에서 긍정적으로 작용하기도 합니다.

트렌드나 정보를 접하는 데 있어서도 카카오톡 오픈채팅과 디스코드 커뮤니티 같은 채팅형 커뮤니티의 중요도가 높아지고 있습니다. 마케터 방, 기획자 방, 프로그래머 방, 운동 인증 방 등 명확한 관심사로 모여서 소통하는 오픈채팅 방들이 지속적으로 늘어나고 있고, 그 안에서 활발하게 정보가 공유되기 때문이에요. 수백, 수천 개의 오픈채팅 방이 있어서 여기에 모두 참여하는 것은 어렵지만 관심 있는 방에 들어가 있으면 실시간으로 정보를 공유받거나 비슷한 관심사를 가진 사람들과 깊이 있는 이야기를 나눌 수 있습니다.

● 온라인 커뮤니티(게시판형 커뮤니티)

대표적인 온라인 커뮤니티인 게시판형 커뮤니티도 여전히 트렌드 영향력이 큽니다. 소비자가 자발적으로 만든 콘텐츠가 업로드되고 소통이 활발히 일어나며 다양한 마이크로 트렌드가 생성되는 트렌드의 상류이기 때문이에요.

각 게시판에서 자체적인 콘텐츠나 밈이 생겨나기도 하고, 다른 SNS 채널의 이슈를 퍼와서 공유하며 밈이 확산하기도 합니다. 그리고 각 커뮤니티의 HOT 게시판이나 다음 카페의 'O시 인기글' 같은 서비스를 통해 커뮤니티에서 인기 있는 게시글을 실시간으로 확인할 수 있는데요. 여기에 올라오는 글들은 이미 그 커뮤니티에서 많은 공감을 사고 반응을 이끌어낸 게시글로 볼 수 있습니다. 커뮤니티에 올라오는 글은 너무 많기 때문에, 게시판의 글을 모두 보기보다는 반응이 좋은 게시글을 모아둔 게시판이나 서비스를 통해 굵직한 이슈들을 위주로 확인합니다.

한 가지 유의할 점이 있습니다. 특정 관심사와 특성을 가진 유저들이 모인 공간이기 때문에, 여기서 발견한 트렌드가 이 커뮤니티에 소속된 사람들만 공감하거나 편향적인 것은 아닌지 체크해야 한다는 것입니다. 다른 커뮤니티나 SNS 채널에서도 유사한 트렌드가 나타나는지를 확인하면 이 부분을 보완할 수 있습니다.

● 뉴스레터

뉴스레터도 트렌드를 빠르게 접할 수 있는 채널로 주목받고 있어요. 트렌드에 관심 많은 친구들에게 물어보면 뉴스레터를 기본 5개 이상, 많으면 20개 넘게 구독하는 경우가 많습니다. 트렌드에 관심있는 사람이라면 꼭 챙겨봐야 하는 필수 채널이 된 것 같아요. 그 이유는 뉴스레터가 특정 분야의 트렌드와 정보를 가장 빠르게 받아볼 수 있는 채널이기 때문입니다.

트렌드를 알기 위해서는 기본적으로 '좋아하는 마음'이 필요하다고 생각합니다. 여러분도 좋아하는 취미나 취향에 대한 정보는 비교적 쉽게 얻는 편이지 않나요? 좋아하는 마음이 있으면 정보를 디깅하는 것도 일보다는 즐거움으로 다가옵니다. 비슷한 관심사를 가진 사람들과도 소통하면서 최신 정보들을 접하기도 하고요. 또 나아가서 직접 트렌드를 만들기도 하죠. 그렇기 때문에 해당 분야를 좋아하는 덕후들이 만드는 뉴스레터에는 양질의 사례와 정보 들이 많습니다.

최근 뉴스레터들은 매우 세분화된 취향과 관심사를 다룹니다. 주말에 갈만한 공간의 정보를 전달하는 '주말랭이'나 경제나 재테크 정보를 전하는 '어피티', K-pop 분야의 트렌드와 이슈를 전하는 'Stew'까지, 특정 분야에 고관여하는 사람들이 자신의 시각에서 선별한 양질의 정보를 발빠르게 전해주죠.

그렇다보니 뉴스레터는 개수만도 수백 개가 넘는데요. 저도 원래는 메일로 받아 보았지만, 점차 관리가 힘들어지고 쌓여가는 뉴스레터가 짐처럼 다가와서 최근에는 '헤이버니'라는 뉴스레터 플랫폼을 이용하고 있습니다. 다양한 분야의 뉴스레터를 편하게 모아 볼 수 있는 앱이에요. 저는 주로 트렌드/라이프, 엔터테인먼트, 지역/여행에 있는 뉴스레터를 즐겨 봅니다.

헤이버니의 뉴스레터 리스트

● 아티클

최근에는 트렌드를 소개하는 아티클이 많아지고 있습니

다. Z세대의 트렌드를 신속하게 전하는 캐릿이나 롱블랙, 폴인, 퍼블리 같은 플랫폼이 대표적이고요. 트렌드를 정리해서 전달하는 아티클을 통해서는 정제된 트렌드 사례들과 인사이트를 접할 수 있습니다. 어느 정도 검증된 트렌드 사례들을 확인할 수 있고, 또 해당 사례들이 어떤 함의를 가지고 있

추천 사이트	추천 이유
캐릿	• Z세대와 알파세대의 트렌드가 가장 빨리 공유되는 플랫폼 • 국내뿐만 아니라 해외 잘파세대의 트렌드도 확인할 수 있음 • 상반기와 하반기에 한 번씩 공유하는 '총정리' 콘텐츠만으로도 한 해의 세대와 트렌드 이슈를 정리해볼 수 있음
폴인	• 업계 담당자의 인사이트를 공유하는 온/오프라인 세미나 folin seminar가 해당 분야의 인사이트를 얻는 데 유용함
롱블랙	• 당일만 읽을 수 있는 제한이 있어 어떻게든 읽게 만들어 줌 • 최근 핫한 브랜드나 마케팅의 비하인드 스토리를 알 수 있음
퍼블리	• 또래 실무자들의 시각에서 쓰인 콘텐츠가 많아, 어렵지 않고 쉽게 트렌드나 인사이트를 얻어갈 수 있음
생각노트	• 영감을 준 브랜드와 트렌드 이야기를 다룸 • 흔한 마케팅이나 앱, 트렌드에 대한 생각노트 님의 시각을 통해서 생각해보지 못했던 방향의 인사이트를 얻음
아이즈 매거진	• 요즘 유행하는 아이템, 맛집, 전시, 마케팅 등의 정보를 얻을 수 있음 • 홈페이지보다는 주로 인스타그램을 통해 소식을 접함

는지 인사이트도 엿볼 수 있죠. 트렌드를 찾는 경험이 처음이거나 어디서부터 찾아야 할지 모를 때, 이렇게 정리된 아티클을 통해서 전반적인 트렌드 흐름을 이해한 뒤 방향을 잡아볼 수도 있습니다.

● 뉴스 기사

빠르게 이슈가 공유되는 뉴스 기사도 좋은 트렌드 수집 채널입니다. 대학내일 사내에서 트렌드를 수집할 때도 매일 올라온 주요 뉴스 기사를 크롤링해 공유합니다. 뉴스 기사는 보통 기자의 취재를 통해 쓰여지기 때문에 한 번 정리된 정보를 얻을 수 있다는 점과 비교적 검증된 정보를 확인할 수 있다는 장점이 있습니다. 물론 뉴스 기사 중에서도 가짜 뉴스나 검증되지 않은 정보가 있어 기본적인 팩트 체크는 필요합니다. 최근 주목할만한 트렌드를 취재하여 핵심 내용을 정리해주는 기사도 많은데요. 이를 통해 최근의 전반적인 트렌드 흐름을 확인할 수도 있습니다.

하지만 트렌드 수집 과정에서 주목해야 할 것은 인사이트보다는 뉴스 기사에 소개된 사례와 데이터입니다. 다른 사람의 해석은 '이렇게도 생각할 수 있구나' 정도로 참고만 하고, 자신의 시각으로 볼 줄 아는 것이 중요합니다. 대신 뉴스 기사에 소개된 사례를 보며 관련 내용을 더 찾아볼 수 있고, 기관에서 발표한 데이터나 기업의 판매동향 데이터 등을 확인해 근거 자료로 확인할 수 있다는 강점이 있습니다.

트렌드 책 읽는 사람에서

나만의 트렌드 찾는 사람으로

건너온 것을 축하합니다!

EPILOGUE :

트렌드, 찾는 즐거움

이 책을 읽고 있는 분들은 아마 일상에서 트렌드의 중요성을 한 번쯤 체감한 분들일 겁니다. 업무를 하면서 최신 트렌드 동향의 필요성을 절감했을 수도 있고, 트렌드를 모르니 뒤처지는 느낌이 들어 한번 알아봐야겠다는 가벼운 마음일 수도 있겠죠. 트렌드를 찾으려는 목적은 저마다 다르더라도 나한테 필요한 트렌드를 잘 찾고, 나에게 도움이 되는 방향으로 잘 활용하고 싶은 마음은 같을 겁니다.

처음에는 의욕 뿜뿜해서 시작하다가도 막상 트렌드를 쫓다보면 현타가 오는 순간들이 많습니다. 세상 사람 모두 알고 있는데 나만 이제야 아는 건가 싶기도 하고, 요즘에 이게 트렌드라고 하는데 도무지 왜인지 이해가 가지 않아서 '역시 나는 트렌드와 거리가 먼가' 하며 자아성찰에 빠지기도 하죠. 트렌드를 찾는 일 자체에 큰 스트레스를 받거나 괜시리 박탈감과 허무함을 느끼는 것 같아서 다시 트렌드와 거리를 두기도 할 겁니다.

저도 아직 트렌드가 주는 박탈감에 익숙하지 않습니다. 매일 하는 업무와 일상 자체가 트렌드를 쫓는 일이다보니 새롭게 인기를 끄는 콘텐츠, 인플루언서, 문화 현상 등 소소한 이슈를 남들보다 조금이라도 늦게 알면 큰 박탈감을 느끼기도 합니다.

악의도 의미도 없이 건넸을 '앗, 아직 모르셨군요'라는 말이 묵직한 한 방이 되어 명치에 꽂히기도 합니다. '왜 내가 그걸 몰랐지?', '왜 이걸 이제 알았지?'라고 자책하는 밤도 많았습니다. 지금도 트렌드를 놓치는 것에 대한 두려움이 커서, 퇴근 후에도 여가인 듯 일인 듯 소셜 미디어와 커뮤니티 속 이슈들을 주르륵 모두 훑고서야 잠들기도 합니다.

사실 모든 트렌드를 누구보다 빨리 알기란 불가능에 가까운 일입니다. 세상은 점점 빠르게 변화하고 있고, 사람들의 취향과 니즈는 더 잘게 쪼개지고 있습니다. 내가 전혀 관심 없고 알지 못하는 분야나 채널에서도 새로운 마이크로 트렌드가 끊임없이 생겨나고, 또 시시각각 변화하고 있어요. 그렇다 보니 Z세대가 만들어내는 신조어나 아이돌 팬덤이 만들어내는 문화처럼 내가 잘 모르는 분야나 나와 거리가 먼 세대의 트렌드를 이해하기 힘든 것도 당연한 일이지요.

트렌드를 스스로 만들고 향유하는 층과 그 트렌드를 배우고 공부하는 사람의 이해도는 차이가 날 수밖에 없습니다. 트렌드를 누구보다 빨리 알아야 한다는 조급함과 세상의 모든 트렌드를 알아야 한다는 부담감, 그리고 트렌드를 온전히 명확하게 이해해야 한다는 압박감은 조금 내려놓아도 됩니다.

사실 저도 이런 조급함과 압박감을 다 내려놓지는 못했지만, 트렌드 업무를 하다보니 조금씩 깨닫게 되더라고요. 누구보다 트렌드를 빨리 알고 모든 분야의 트렌드를 아는 것보다는, 내가 필요한 트렌드를 나의 시각으로 이해해서 나만의 무기로 활용하는 것이 더 중요하다는 것을요. 트렌드를 조금 늦게 알았더라도 그것을 내 것으로 만들고 활용하면 더 큰 효과를 낼 수 있습니다. 트렌드의 속도는 너무나도 빠르게 흘러가지만, 그 흐름에 휩쓸릴 필요는 없어요. 나만의 속도로도 충분합니다.

다만 트렌드를 대할 때는 조금 열린 마음으로 생각해주면 좋겠습니다. 잘 모르고 나와 거리가 먼 분야의 트렌드는 낯설수밖에 없습니다. 이런 낯섦을 틀린 것으로 받아들이지 말고 '아 이럴 수도 있구나' 하는 다름으로 생각하는 자세가 필요합니다. 틀린 것으로 생각하면 메가 트렌드로 확대될 트렌드 시드나 변화의 시작점을 놓칠 수 있어요. 열린 마음으로 다름을 받아들이는 것이 중요해요.

일상에서 트렌드를 찾다보면 소소한 기쁨들을 만날 수 있습니다. 내가 몰랐던 분야를 새롭게 알게 되어 세계가 넓어지기도 하고, 신입사원과 수다 떨 수 있는 코드가 생기기도 하죠. 또 내가 수집한 트렌드를 프로젝트에 활용해 성과를 내거나, 트렌드가 될 것이라고 예측했던 것이 들어맞았을 때의 쾌감도 느낄 수 있어요.

이 책을 읽는 분들에게 트렌드가 힘들고 버거운 것이 아니라 즐거운 것이 되었으면 좋겠습니다. 평소보다 트렌드를 조금이라도 빨리 찾아 퇴근 시간이 30분이라도 당겨졌으면 좋겠고, 퇴근하고 찾은 새로운 핫플레이스에서 좋은 추억을 만들 수 있으면 좋겠습니다. 또 모르는 분야의 트렌드를 찾고 이해하는 것이 낯섦이 아니라 설렘으로 다가오면 좋겠습니다. 제가 조심스레 풀어간 팁들이 도움이 되어, 트렌드가 주는 기쁨들을 발견하는 순간이 더욱 많아지기를 바라봅니다.

출처

1. 이미지 출처

32 Page-2 · 틱톡 @favpinoy

32 Page-3 · 인스타그램 @_m_oon__

74 Page-1 · 29cm(https://www.29cm.co.kr/)

79 Page-2 · 올리브영(https://www.oliveyoung.co.kr/)

79 Page-3 · 무신사 스냅, 마켓컬리 라운지

142 Page · 구글 트렌드(https://trends.google.co.kr/)

143 Page · 네이버 데이터랩(https://trends.google.co.kr/)

172 Page-1,2,3 · 헤이버니 앱

2. 통계 출처

135 Page · 아이허브

https://m.edaily.co.kr/news/

read?newsId=02548566632326296&mediaCodeNo=257

137 Page · 와이즈앱

https://www.wiseapp.co.kr/insight/detail/470

트렌드 연구원이 알려주는

트렌드 읽는 법

초판 발행 ㄹ 2024년 9월 4일

지은이 ㄹ 이재흔
발행인 ㄹ 이종원
발행처 ㄹ ㈜도서출판 길벗
브랜드 ㄹ 리드앤두 READ ∥ DO
출판사 등록일 ㄹ 1990년 12월 24일
주소 ㄹ 서울시 마포구 월드컵로 10길 56(서교동)
대표전화 ㄹ 02)332-0931 | 팩스 ㄹ 02)323-0586
홈페이지 ㄹ www.readndo.co.kr | 이메일 ㄹ hello@readndo.co.kr

리드앤두 ㄹ 김민기, 이정, 연정모, 박세린 | 객원편집장 ㄹ 김보희
제작 ㄹ 이준호, 손일순, 이진혁
유통혁신 ㄹ 한준희 | 영업관리 ㄹ 김명자, 심선숙 | 독자지원 ㄹ 윤정아

편집 ㄹ 김사랑 | 디자인 ㄹ 스튜디오 고민 | 인쇄 및 제본 ㄹ 정민

ISBN 979-11-407-1418-6 (03320)
(길벗 도서번호 700003)

정가 17,000원

독자의 1초까지 아껴주는 길벗출판사

(주)도서출판 길벗 | IT교육서, IT단행본, 경제경영, 교양, 성인어학, 자녀교육, 취미실용 www.gilbut.co.kr
길벗스쿨 | 국어학습, 수학학습, 어린이교양, 주니어 어학학습, 학습단행본 www.gilbutschool.co.kr